はじめての革カバン

STUDIO TAC CREATIVE

CONTENTS

この本で作れる革カバン ——————————— 4
革カバンができるまで ——————————— 10
革カバン制作の基本 ——————————— 11

革カバンの作り方 ——————————— 50

スマートフォンポーチ ——————————— 52

A4トートバッグ ——————————— 72

アコーディオンクラッチバッグ ——————————— 88

はじめての革カバン

トラベルポーチ	110
クラッチバッグ	132
ツールバッグ	158
レザークラフト用語辞典	181
Special Thanks **SEIWA**	182

Item 01
SMARTPHONE POUCH

スマートフォン ポーチ
p52

片側の手紐が外せるように
なっているので、バッグに取り
付けて使えるスマホポーチ

Item 02
A4 SIZE TOTE BAG

A4
トートバッグ
p72

シンプルで作りやすくデザイン
された、大容量で便利な
トートバッグ

Item 03
ACCORDION CLUTCH BAG

アコーディオン
クラッチバッグ
P88
縫わずにカシメで留めるだけで作る
ことができる、スタイリッシュな
クラッチバッグ

Item 04
TRAVEL POUCH

トラベルポーチ
p.110

ジャンパーボタンで手紐の
長さを2段階に調整できる、
コンパクトなポーチ

Item 05
CLUTCH BAG

クラッチバッグ
p.132

内縫いと外縫いを織り交ぜた、
おしゃれな2ウェイタイプ
クラッチバッグ

Item 06
TOOL BAG

ツールバッグ
p.158

工具をぴったり収めることが
できるインナーを備えた、
機能的なツールバッグ

革カバンができるまで

作品によって部品の形状や縫い合わせ方が異なりますが、基本的な手順としては以下の7段階に分けることができます。
それぞれの工程を丁寧に作業していけば、必ず作品を仕上げることができるはずです。楽しみながら、始めてみましょう。

STEP 0　必要な材料を用意する —革と工具—

作る作品に合わせて、素材となる革と制作に必要な工具や液剤等を揃えましょう。材料や工具は、レザークラフト専門店やホームセンターで手に入れることができます。

STEP 1　型紙を作り革に写す —けがき—

部品の形に切り出した型紙を、革の表面に写します。仕立て用目打ちという、先端が針状になった道具で型紙の周囲をなぞり、革の表面に線で型を描きます。

STEP 2　革を部品の形に切り出す —裁断—

型紙に合わせて革の表面に描いた線に従い、カッター等の刃物で部品を切り出します。正確に部品の形を切り出せるように、慎重に作業を進めましょう。

STEP 3　革の裏側の毛羽立ちを抑える —床処理—

革の裏側である床面は、ヌメ革の場合、そのままでは使っているうちに毛羽立ってきてしまいます。床面がそのまま出る部分は、トコノール等の床処理剤で磨いておきます。

STEP 4　部品を貼り合わせる —接着—

部品同士を縫い合わせる前に、接着剤で貼り合わせます。縫う際の仮留めという役割と、縫い合わせる部分のコバが開かないようにする役割があります。

STEP 5　糸を通す穴をあける —縫い穴あけ—

革は布のように針で突いただけでは穴があかないため、糸を通すための穴を先にあけておく必要があります。縫い穴は菱目打ちと呼ばれる打ち具を使ってあけます。

STEP 6　部品を縫い合わせる —手縫い—

菱目打ちであけた穴に糸を通して、縫い合わせます。縫い方は糸の両側に針を付け、表側と裏側からそれぞれ糸を通して縫い合わせる「平縫い」が基本になります。

STEP 7　貼り合わせた革の切断面を磨く —コバ仕上げ—

革の切断面であるコバは、そのままだと毛羽立ってしまいます。縫い合わせた部分のコバは、紙ヤスリ等で角を少し丸く落とした上で、床処理剤を塗って磨いて仕上げます。

革カバン制作の基本

はじめて革カバンを制作するというのであれば、まずは基本となる知識と技術を知っておく必要があります。ここでは革カバンの素材となる革、制作に必要な工具、基本的な技術を紹介していきます。

革と工具

革について

本書の革カバン制作では、材料の入手しやすさを考慮して、SEIWAが取り扱う牛タンローやニューオイルレザーなどの革を使用しています。どちらの革も「タンニンなめし」という加工方法で作られた、固くて張りのある牛革です。

革カバンの制作を始めるためには、材料である革と、作業に必要な工具を用意する必要があります。革は制作するアイテムに合わせた物をチョイスするのですが、本書でははじめての方でも迷わないように入手しやすいカット革を使用しています。工具もSEIWAの基本工具キットを中心にして、最低限の工具で作ることができるようになっています。

動物の革を縦に二分割した「半裁」という状態です。通常お店で売られている革は、半裁が最大です。革の価格は1デシという単位(1デシ=10×10cm)で価格が表記されます。半裁は通常250デシ程度です

クロムなめしの革は柔らかさと発色の良さが特徴

本誌掲載の「トラベルポーチ」では、クロムなめしのミンクルカット革を使用します。この革は柔らかいため、裁断時に伸ばさないよう注意が必要です

タンローは油分などをあまり含ませずになめした、ナチュラル感の強い革です

ニューオイルレザーはオイルを染み込ませた多脂革です。色は9色、サイズは3種類(400×600、200×400、150×300※単位mm)あります

革の表側「ギン面」と、革の裏側「床面」

革はツルッとした質感の「ギン面」が表で、ざらざらとして毛羽立つ「床面」が裏になります

Leather Handsewing 12 Tools Set 《standard》

ここで紹介しているSEIWAの基本工具セットは、最低限の革作品制作に必要な工具がセットされています。このセットに加えて、カッターや革たち等の裁断工具があれば基本制作作業を行なうことができます。

基本工具セットは全国の東急ハンズや皮革用品店で購入でき、専用のボックスに整然と収納することができます

①**ボンドG17（20ml）**：革を接着する合成ゴム系の接着剤。貼り合わせる両面に塗って、乾かしてから貼り合わせます。へら付属
②**トコノール無色**：床やコバを磨くための仕上げ剤。20g入り　③**ゴム板**：穴あけ作業の際に下に敷く打ち台
④**ウッドハンマー**：菱目打ちやハトメ抜きを打ち込むのに使用する木づち　⑤**ミニディバイダー**：縫い線等を引くのに使用します
⑥**仕立て用目打ち**：けがきや丸穴をあける際に使用します　⑦/⑧**菱目打ち4mm巾-4本刃/2本刃**：縫い穴をあける際に使用します
⑨**へりみがき（木製丸）**：コバや床を磨くための工具　⑩**Wロー引き糸（#5）**：ポリエステル糸にしっかりロー引きした糸
⑪**手縫い針（短）**：先端を丸くした、革を縫うのに適した形状の針　⑫**カッターマット**：裁断の際に下に敷くマット

必要に応じて買い足す工具

基本工具セットの中には含まれていませんが、革カバンの制作において必要になる工具や、あると便利な工具を紹介します。ハサミなどの身の周りにある物や、代用できる物は、持っている物を使って構いません。

ピュアホースオイル
保革用の油。タンローのような油分が少ない革は、制作作業前に塗っておくと手縫い時の手垢汚れ防止になります

曲尺（かねじゃく）
縫い代などの数値を測るのに使用します。定規でもある程度用途は足りますが、直角を取れるので便利です

銀ペン
革に線を描く際に使用する、銀色のインクのペンです。色革だと黒いボールペンでは見えにくいので便利です

カッター
一般的な替え刃式のカッターです。太刃の物が適しています

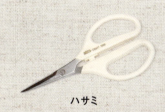

ハサミ
糸を切る際には、カッターよりもやはりハサミが便利です。裁縫用の糸切りバサミでも良いでしょう

ガラス板
床面を全面トコノールで磨く際や、漉き作業を行なう際の台に使うガラス製の板です

のりベラ
接着剤やトコノールを広い面に塗り広げる際、均一に塗ることができます

プレススリッカー
床やコバをきれいに、効率良く磨くことができる専用の工具です。コバ磨き用の溝も3種類設けられています

ハトメ抜き
丸い穴をあけるための工具です。サイズは3号（直径0.9mm）から100号（直径30mm）まで用意されています

紙ヤスリ
コバの形を整えるのに使います。#400程度が一般的ですが、#800〜1,000を使うとよりきれいに仕上がります

ライター

ポリエステル系の糸は、通常火で炙って糸を溶かして留める「焼き留め」で始末するため、ライターが必要です

柔らかい布

布はコバの仕上げ磨きや、はみ出したトコノールを拭き取るのに使用します。Tシャツなどの切れ端で充分です

ひしきり

菱目打ちでは縫い穴をあけられない箇所へ、穴をあける際に使用します。菱目打ちの刃巾に対応した3サイズがあります

トコノール

ツールセットに含まれる20gのトコノールの他、大量の使用に便利でお得な、100g入りと500g入りも選択できます

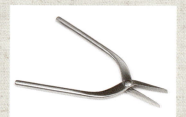

仕立て用ヤットコ〈平先〉

厚い革や重ねた革などを手縫いする際、針が抜きにくくなることがあります。そのような場合は、このヤットコで引き抜きます

ローラー

接着剤やゴムのりなどで革を貼り合わせた後、圧着する際に役立つローラー。広い面を均一な力で圧着できます

らくぬ〜り

コバを染色する際、染料を染み込ませて使用します。使いやすい大きさにカッターで切り出し、クリップに挟んで使用します

スーパーゴム糊

柔軟性があって針の抜けが良い、手縫い・ミシン仕立て両用の合成ゴム糊。貼り直しが可能で、柔らかく仕上がります

Wロー引き糸（#5）

手縫い用にあらかじめロー引きされた、ポリエステル製の糸。仕立てる作品に合わせ、全15色から選ぶことができます

革カバン制作の基本

Wロー引き糸〈♯0〉
0番手という、約0.7mm前後の太さを持つロー引き糸。厚みのある革を縫う際や、カバンなどを仕立てる際に適しています

エスコード
天然素材である麻を撚った手縫い糸。約0.6/0.8/1.0mmの3種 各色が揃い、ロー引きをして使用します

プロワックス
エスコードのような麻糸を使う際、糸の毛羽立ちを抑え、革への通りを良くするために使用します（使用方法はp31〜参照）

菱目打ち

菱目打ちは、3/4/5/6mmと異なる刃幅を選ぶことができ、縫製に使う糸との組み合わせにより、ステッチの雰囲気を変化させることができます。また、刃数は最大で6本刃が選べ、刃数が多いほど、真っ直ぐに整った穴をあけられます

左が4mm、右が5mm巾の菱目打ちです

菱目打ちの刃先の間隔をピッチと呼びます。セットに含まれているのは4mm巾です

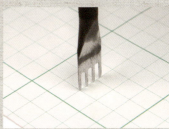

1cm四方のスペースに縫い穴をあける場合、5mm巾はピッタリ3本の刃が収まり、4mm巾は余白ができます（4mm巾6本刃は、2cm四方にちょうど収まります）。革を貼り合わせず事前に縫い穴をあけておく場合などは、この刃幅を計算に入れることで、型紙の段階で縫い穴の数を調整できます

STEP 1 けがき

革の上に線を引く作業を「けがき」と呼びます。型紙は通常コピーして使用するので、工作用紙などの厚紙に貼って使用します。型紙の縁を仕立て用目打ちでなぞり、革の表面に型紙通りに型を写します。仕立て用目打ちで革の表面に線を描く際は、角度に気をつけて表面を削らないように注意しましょう。

カッター / 仕立て用目打ち / カッターマット / 接着スプレー

① 型紙の使い方

薄い紙に印刷されている型紙は、厚紙に貼って使用します。紙の厚みが無いと、革にけがく際に目打ちが引っかかりにくく上手く型をけがくことができません。また、一度きちんとした型を作っておくと、同じ部品を簡単に作ることができます。

01 型紙はコピーして工作用紙などの厚紙に貼って使用します

02 接着スプレーを使用して、コピーした型紙を厚紙に貼ります。水性のりを使うと、紙がふやけて型が崩れることがあります

03 コピーした型紙をぴったり厚紙の上に貼り合わせます。型が歪まないように、注意しながら貼ります

04 厚紙に貼った型を、実際の裁ち線よりも外側で荒裁ちします

05 型紙を裁断した線が、そのまま革の裁断線になるので、型に沿って正確に裁断していきます

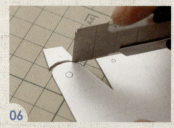
06 カーブしている部分は、紙の方を動かすとスムーズにカットすることができます

用語解説
型紙：部品の形を示した図案。この型紙に沿って部品を裁断する
裁断線：型紙に沿って革に描く、部品の形を表す線。この線に沿って部品を切り出す

point けがく際の、仕立て用目打ちの使い方

仕立て用目打ちで革の表面をけがく際は、先端を少し寝かせて線を引きます。目打ちの先端を立てた状態で線を引いてしまうと、革の表面が削れてしまいます

上が目打ちを寝かせて引いた正しい線です。下は目打ちを立てて引いた線で、表面が削れて線が荒れています

これは縦方向から見た目打ちの状態です。型紙に平行に目打ちを構えます。角度を付けて構えてしまうと、線が外に出て型が大きくなってしまったり、内に入って小さくなり歪みます

② けがきの基本

型紙を用意したら、実際に革の表面に型をけがきます。けがいてしまった線は消すことができないので、慎重にけがきましょう。金具の取り付け位置や手縫いの基点など型紙に印してある点は、目打ちでその上を突いて革の表面に印を付けます。

01 厚紙に貼って切り出した型紙を、革の上に置きます。なるべく無駄が出ないようにしましょう

02 型紙の縁をなぞるように、目打ちで型を革の表面に写します。金具の取り付け位置等の基点等は、目打ちで突きます

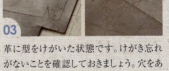

03 革に型をけがいた状態です。けがき忘れがないことを確認しておきましょう。穴をあける場合は、印を穴の中心にします

裁断

革を部品の形に切り出す作業を「裁断」と呼びます。裁断するための工具は様々な物がありますが、はじめてレザークラフトをするというのであれば、使い慣れたカッターがお勧めです。正確に裁断をするために、カッターの刃は適宜折って新しくし、常に良く切れる状態を保ちましょう。

カッター　　　　　カッターマット

① 裁断の基本

部品を裁断する際は、実際の裁断線よりも少し大きめに切り出す「荒裁ち」を行なった後で、裁断線で切り出す「本裁ち」を行なうのが基本です。また、けがいた線の上を正確に裁断しないと、部品の大きさに誤差が出てしまうので注意しましょう。

▶直線の裁断

01 型紙に合わせて引いた、実際に部品を裁断する線よりも外側で一度カットします。これを荒裁ちと呼びます

02 裁断線に沿ってカッターで裁断します。進行方向に指を置くと危険です。また、曲尺を使うと裁断線とのズレが分かりにくくなります

03 最初に刃を入れる際、正確に刃を裁断線の上へ落とすために、このように刃を指で支えておくと良いでしょう

point 刃を大きく使うと直線がズレません

直線を切る場合は、カッターを寝かせてなるべく刃を大きく使います

04 直線とカーブが続いている部分はまず直線を切ってしまい、カーブ部分を別に切るようにします

▶曲線の裁断

05

カーブしている部分は、カッターではなく革の方を回してカットするとカーブがスムーズに切り出せます

06

カーブが一息で上手く切れない場合は、刃を入れる角度を少しずつずらしながら、何回かに分けてカットします

▶細部の裁断

○
07

×

先端の尖った切り込み部分は、先端側から刃を入れて裁断しましょう。先端に向かって裁断すると、切りすぎてしまったり、切りきれずに先端部分が繋がったままになってしまいます

---

point 革の裁断作業に適した「革たち」

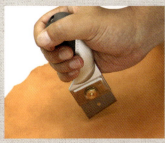

レザークラフトの裁断工具には、カッター以外にも革包丁（かわぼうちょう）と呼ばれる縦に持つタイプの刃物が定番として使われます。この革たちは替刃式の革包丁なので、カッターとおなじ感覚で常に新しい刃で裁断することができます。革の厚みを調整する「漉き」などもしやすいので、一本あると便利です

用語解説
革包丁：革を裁断するために作られた、縦型の包丁
漉き：革の床面を削いで、厚みを調整すること

革カバン制作の基本

床処理

革の毛羽立った面を「床面」と呼び、何も処理しないまま使い続けるといっそう毛羽立ってしまいます。そのため、床面をそのまま使用する場合は、専用の床処理剤である「トコノール」を塗って磨いておきます。また、裁断した切り口を「コバ」と呼び、ここもそのままだと毛羽立つので、同じくトコノールで磨いておきます。

仕立て用目打ち　トコノール　へりみがき

① 床処理の基本

トコノールを塗って磨くことで、床面の毛羽立ちを抑えることができます。トコノールで磨いた部分は接着剤が付きにくくなるので、接着する部分を磨き残すか、接着する際に荒らす必要があります。

01　床面がそのまま出る部分はトコノールで磨きます。部品を貼り合わせる場所は磨かないので、貼り合わせる部品を当ててけがいておきます

02　床面の磨く部分に、トコノールを塗ります。指で伸ばして塗り込むようにするのが基本です

---

point　「のりベラ」があると便利です

「のりベラ」を使うと、トコノールを薄く塗り広げられます。塗り過ぎても意味が無いので、余分なトコノールは拭き取っておきましょう

03　へりみがきの平らな面を使って、床面を磨きます。しっかり磨いて、床面の毛羽立ちを抑えます

用語解説
床面：革の毛羽立った面で、触るとザラザラとした感触の面
コバ：革を裁断した際の切り口

point 床面を磨く便利な工具

「プレススリッカー」は床面やコバを磨く便利な工具です。作業の効率が上がると共に、仕上がりもよりきれいになります

広い面を磨くには、広い面を均等な力で磨くことができる「ガラス板」が適しています

② 先に仕上げておくコバ

部品同士を縫い合わせた後では磨きにくくなってしまうコバは、部品の状態で仕上げておかなければなりません。トコノールを塗り、へりみがき等を使って磨きます。

01 仕立ててしまうと磨きにくくなるコバは、床面を磨く際に一緒に磨いて仕上げておきます

02 コバにトコノールを塗ります。ギン面側にはみ出さないように注意しましょう

03 へりみがきの溝にコバを当てて磨きます。力を入れすぎるとコバが開いてしまうので、軽く何度も磨くようにしましょう

point 工具を使い分けて、コバをきれいに仕上げましょう

プレススリッカーには幅の違う溝が3本設けられているので、サイズの合った溝で磨くことでコバ仕上げはきれいになります。狭い部分は目打ち等も使ってみましょう

自分流のコバの磨き方を見つける

コバを磨く工具は、人それぞれです。仕上げ用には布やガラスを使うという職人さんもいます。色々試してみて、自分が一番きれいに磨ける工具や磨き方を探してみましょう。

[用語解説]
床処理剤：床面やコバの毛羽立ちを抑えるための液剤。塗った後で磨いて仕上げる

接着

部品同士を縫い合わせる前に、接着剤で接着しておきます。接着剤には、主に合成ゴム系、天然ゴム系、水性の物があり、特性が異なります。ここでは使用用途の広い合成ゴム系の接着剤を基本とします。ゆくゆくは、接着剤の性質を把握して、場所によって使い分けるようにすると作品のクオリティが上がります。

皮革用ボンドエース / **ミニディバイダー** / **紙ヤスリ** / **カッター** / **ボンドG17/へら**

① 接着の基本

革の接着には、ボンドG17等の合成ゴム系の接着剤を使用します。接着剤を厚く塗ってしまうと、革と革の間に「接着剤の層」ができてコバがきれいに仕上がりません。できるだけ薄く塗り広げて貼り合わせましょう。

01 合成ゴム系のボンドG17は、貼り合わせる部品の両面に塗って使用します。接着面にチューブからボンドG17を出します

02 接着面に出したボンドG17を、へらでなるべく薄く伸ばします。コバにはみ出さないように注意しましょう

03 貼り合わせる反対側の面にも、ボンドG17を薄く塗り広げます。塗る範囲からはみ出さないように注意しましょう

---

point　G17はある程度乾燥させて貼り合わせます

ボンドG17は乾かした状態で貼り合わせるタイプの接着剤です。塗った表面を触ってみて、手に付かなくなるまで乾かします

04 ボンドG17のような合成ゴム系の接着剤は貼り直しが難しいので、しっかりと位置を合わせてから貼り合わせます

用語解説
合成ゴム系接着剤：合成ゴムや合成樹脂を有機溶剤で溶かして作った接着剤。両面に塗り、乾いてから貼り合わせる

> **革が伸びると形が合わなくなります**
> 革は引っ張れば伸びる素材です。部品として切り出した革が途中で伸びてしまうと、最終的に形が合わなくなってしまいます。革を扱う際には、伸びる方向に力をかけないように注意しましょう。

05 貼り合わせた部品に上から圧力をかけて密着させます。密着させる際に、擦ると革が伸びてしまうことが多いので注意しましょう

② ギン面と床面の接着

ギン面やトコノールで磨いた床面に、そのまま接着剤を塗っても剥がれやすくきちんと接着できません。貼り合わせる部分を荒らしておくことで、接着剤の接着力を高めることができます。

01 ミニディバイダーの先端を曲尺の目盛に当てて、貼り合わせる部分の巾に調整します

02 ミニディバイダーの先端の片側をコバに引っ掛け、もう片方の先端で革の表面に線を引きます

03 磨いてある床面を接着する場合は、カッターの刃の背を使って貼り合わせる部分の表面を荒らします

> **ギン面の削り過ぎに注意しましょう**
> ギン面は表面の「ギン」と呼ばれる層を削り落とすことになります。床面の磨いた部分は磨き直すことができますが、削ったギン面は戻すことができないので、削り過ぎないように注意しましょう。

04 ギン面を貼り合わせる場合は、必ず表面を荒らす必要があります。貼り合わせる部分に、ミニディバイダーで線を引きます

05 カッターの刃の背を使ってギン面の表面を荒らします。荒らさずに接着すると、剥がれやすくなります

用語解説

水性接着剤：酢酸ビニル系を主素材にした接着剤。含まれる水分は水なので、環境にも優しい。乾く前に貼り合わせるタイプ
ギン面：革の表側で、ツルッとした触感の面

荒らした接着面にボンドG17を塗ります。接着する幅が狭い場合は、接着する範囲からはみ出さないように注意します

へらでボンドG17を塗り広げます。線からコバに向かって伸ばします。量が多いような場合はヘラですくい取っておきましょう

もう片面の貼り合わせ位置にもボンドG17を塗り広げて、触っても手に付かない程度まで乾かします

角をしっかり合わせて、貼り合わせる位置を確認します

貼り合わせる際は革が伸びないように、上から力をかけて圧着します

接着層もできず、ピッタリと貼り合わされたコバです

> **point** きれいに貼り合わせるコツ

両側の角を最初に貼り合わせます。その後、辺の部分を貼り合わせていくと、きれいに貼り合わせることができます

③ はみ出した接着剤の処理

接着剤の量が多いと、貼り合わせた際にコバから接着剤が出てきてしまうことがあります。その場合多少の層はできるかもしれませんが、きちんと処理すればある程度まで回復することができます。

01 貼り合わせた際にコバからはみ出した接着剤。接着剤を厚く塗ってしまうと乾くのも遅いため、このようにはみ出しがちです

02 はみ出した接着剤を、できる限り手で摘んで剥がします

03 コバを紙ヤスリで削ります。摩擦で、残っている接着剤が球状になって剥がれていきます

きちんと処理することで、コバの状態はここまで回復します

04

> **point** コバを薄くカットする方法もあります

接着剤がはみ出したコバを、カットするという方法もあります。カットした断面は当然きれいになりますが、部品の寸法が変わるので、表面を削ぐようにできるだけ薄くカットしましょう

革カバン制作の基本

STEP 5 縫い穴あけ

革を手縫いする際は、先に糸を通す「縫い穴」をあけておく必要があります。縫い穴は菱目打ちと呼ばれる専用の工具を使ってあけます。縫い穴はコバから3〜4mmの幅にあけるので、その目安となる「縫い線」をミニディバイダーで引いておきます。縫い穴を正確にあけることで、縫い目もきれいに仕上がります。

ゴム板／菱目打ち／ミニディバイダー／ウッドハンマー（木づち）／仕立て用目打ち

① 縫い穴あけの基本

糸を通すための縫い穴をきれいにあけるためには、いくつかのポイントがあります。少し練習すればきれいな縫い穴をあけられるようになるので、はじめての方は余った端革などですこし練習してみましょう。

▶ 縫い線を引き、アタリを付ける

01　ミニディバイダーの先端を縫い代の巾に調整します。縫い代の巾は、3〜4mm程度が適切です

02　ミニディバイダーの片方の先端をコバに沿わせ、もう片側の先端で革の表面に縫い線を引きます

03　コバに沿わせたミニディバイダーの先端が、外れないように縫い線を引きます。先端がコバから外れると、革を傷付けます

04　縫い始めと縫い終わりの基点の間に縫い線を引く場合もあります。まず基点に仕立て用目打ちで印を付けます

05　曲尺で基点を繋ぎ、基点間に仕立て用目打ちで縫い線を引きます

用語解説
基点：線の始まりなど、基準になる点。型紙に記載されていることが多い
縫い線：縫い目の基準になる線。コバから3〜4mm内側に、ディバイダーなどで引かれる

革カバン制作の基本

> **point 菱目打ちの基本的な使い方**
>
>
> 縫い穴をあけるために使用する菱目打ちは、革の上に刃を当ててウッドハンマーで打ちます
>
>
> 刃は垂直に当てます。刃を斜めに当てると、斜めに穴があいてしまいます
>
>
> 刃が斜めに入ってしまうと、表面側の穴は揃っているように見えても、裏側の穴がこのようにずれてしまいます。これでは縫い目は乱れます

06 基点の縫い穴は、仕立て用目打ちで丸穴をあけます

07 糸を縁にかけて縫い合わせる場所は、縁に一刃かけた状態で縫い穴の位置を決めていきます

08 部品同士の段差部分も基点になるので、仕立て用目打ちで丸穴をあけます

▶ 穴の間隔を調整する

09 縫い線に合わせて刃先を軽く革の表面に当て、刃の跡で印を付けます。この印をこの本では「アタリ」と呼びます

10 先に付けたアタリに一目被せて次のアタリを付けます。こうすることで、縫い目のピッチがずれることを防げます

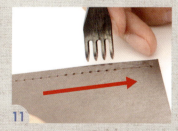

11 終点の穴との距離が近付いてきたら、穴の間隔を調整して、最後の1目が終点の位置に来るように調整します

用語解説

菱穴：菱目打ちやひしきりを使ってあけられた、菱形をした穴。通常の縫い穴はこの菱穴になっている
丸穴：目打ちを使ってあける丸い穴。基点部分の縫い穴などは丸穴であけられることが多い

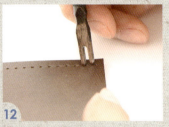

12
2本菱目打ちを終点側から当てていき、ほんの少しずつ穴の間隔を詰めて穴位置のつじつまを合わせます

point 穴と穴の間隔を微妙に調整します

アタリを調整して縫い穴の位置を決めます。微妙に調整することで、縫い目をきれいに見せます

▶縫い穴をあける

13
アタリに合わせて菱目打ちの刃を当てます。長い辺であれば、刃数の多い菱目打ちを使った方がきれいに穴があきます

14
位置を決めたら、ウッドハンマーで菱目打ちを打って革に刃を打ち込みます。菱目打ちを打つ際は、下にゴム板を敷いておきます

15
菱目打ちの打ち込み具合は、裏側から刃先が1mm程度出る位です

16
革に刺さった菱目打ちの刃を抜く場合、軽く前後に菱目打ちを動かして少しずつ抜きます

17
菱目打ちを抜く際、革を押さえるためにこのように前後に手を添えてしまうと、刃が抜けた時に指先を切る可能性があります

point 真っ直ぐに等間隔の縫い穴をあけるポイント

縫い穴はできるだけ真っ直ぐに、そして等間隔であけたいものです。菱目打ちであけた縫い穴の最後の穴に、次に打つ菱目打ちの刃を1刃かけて打つようにしましょう

用語解説

アタリ：穴をあける前に、穴の位置を検討するために、実際に穴をあける道具を使って付ける跡

18 縫い止まりの基点となる縫い穴は、仕立て用目打ちで丸穴をあけます

19 直線の縫い穴があいた状態です。縁に1目かける場合は、一番端の穴も菱目打ちであけることになります

20 角をまたぐ縫い穴をあける場合、角の穴は丸穴にします

革カバン制作の基本

▶曲線部分の縫い穴

21 角の部分に横と縦で2回菱目を打ってしまうと、穴が十字にあいて糸を通した時に縫い目が汚くなってしまいます

22 曲線に縫い穴をあける場合は、カーブの強さに合わせて菱目打ちの刃数を変えます。ここは菱目打ち4本刃は使えません

23 角度を少しずつ変えながら、カーブに合わせて菱目打ち2本刃でアタリを付けていきます

point 縫い目のサンプル

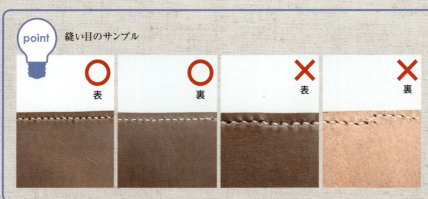

次項から実際に手縫いをしていきますが、ここで正しくあけられた縫い穴と、曲がってあいてしまった縫い穴のサンプルをお見せしておきます。刃先が斜めに入ると、右側の写真のように縫い目がちぐはぐになってしまいます

29

STEP 6 手縫い

縫い穴をあけた部分に、糸を通して縫い合わせていきます。手縫いする際の基本的な縫い方は、両面から糸を通す「平縫い」です。糸の交差を間違えると縫い目が乱れてしまうので、常に一定の方向で交差させるようにしましょう。手縫いを繰り返す内にきれいに縫える方法が見えてくるので、経験を重ねましょう。

ハサミ　　Wロー引き糸／手縫い針　　ライター

① 糸に針を取り付ける

通常の裁縫であれば針に糸を通したら準備完了となりますが、革を手縫いする場合は糸が針から抜けないように、少し特殊な取り付け方をします。一見難しそうですが、なれると自然にできるようになります。

01 糸は縫う距離の3〜5倍用意します。ここでは4倍用意しました。糸の長さは、革の厚みによって多少変わります

02 糸の先端を針穴に通し、10cm程糸を出します

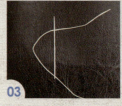

03 針穴に通して10cm出した糸を、針に一度刺します

04 針に刺した部分から先の糸をもう一度折って、再度針に刺します

05 糸を針に2回刺したら、そのまま針穴の方まで糸を下げます

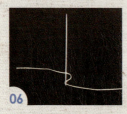

06 針穴まで糸を刺したら、長い方の糸を引いて、すぼめます

07 刺した糸を下にずらしてまとめれば、糸の取り付けは終了です

08 糸の両側に針を取り付けて、糸と針の用意は終了です

用語解説

ロー引き糸：革を縫う際にはロウを糸に摺りこんで、糸の通りを良くして保護する。ロー引き糸は、最初からロー引きされて売られている糸

② 麻糸の使い方　あらかじめロー引きされていない麻糸などを使う場合は、針へ糸を通す前にロー引きします。

麻糸を使用する際は、糸の毛羽立ちや撚りが戻ることを防ぎ、また縫い穴の通りを良好にするため、「ロー引き」をします。ロー引きには、蜜蝋や松脂などが配合された専用のプロワックスを使用します

01
糸の端3cm程の撚りをほぐし、ほぐして毛羽立った糸を漉きます。撚りをほぐす際は、糸を切ってしまわないように仕立て用目打ちの軸部分を使います

point カッターでも、撚りをほぐすことができます

カッターの刃でも撚りをほぐすことができます。この場合は、刃をほぐす方向とは逆に、斜めにあてます

02
ほぐして毛羽立った糸を取り除きます

03
糸の先端を余らせてプロワックスにあて、親指の腹でこれをしっかりと押さえ、反対側の手で糸を引きます。これを数回繰り返し、まずは糸の先端部にロウを含ませます

革カバン制作の基本

糸の先端部にロウを含ませたら(ロー引きしたら)、同様にして使用する糸全体にロウを含ませます。ロー引きを終える目安は、右写真のように端から10cm程度で糸を持ち、ピンと立つ程度とします

ロー引きを終えた後は①と同様の手順で針に糸を取り付けますが、麻糸は撚りが戻りやすいため、Wロー引き糸(ポリエステル糸)では2回通した所を、都合3回通すようにします(右写真参照)

08 糸を取り付けた状態。糸の端を漉いたため、まとめた部分が太くならず、縫い穴へスムーズに通すことができます

point 針に残った糸の上手な切り方

手縫いを終えて針に残った糸は、適当な所でカットすると外しにくくなります。しかし写真のように針穴のキワにハサミをあててカットすれば、針穴に残る細かい糸くずを除去するだけで簡単に外すことができます

③ 平縫いの基本

革の縫い方の基本となる、菱目打ちであけた縫い穴を、平縫いで縫っていく手順を解説します。

01 平縫いする場合、基本としては穴をあけた面を表として、右から左に縫い進めます

02 一番端の縫い穴に、糸を通します。糸を最初に通す方向は、SEIWAでは表側を推奨しています

03 糸を通したら、前後に出ている糸が同じ長さになるように調整します

04 まず、縁に1目かける縫い方で縫い始めます。通常とは違う方向に1目縫うことになります

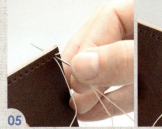
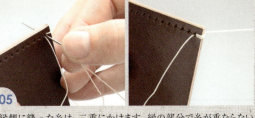

05 縁側に縫った糸は、二重にかけます。縁の部分で糸が重ならないように注意しましょう

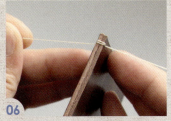

06 縁の部分にかけた糸を、軽く縁に食い込む程度に引き締めます

07 ここから左に向かって縫い進めます。表側から糸を縫い穴に通し、右写真のように上側に引き上げます

用語解説

平縫い：革を縫う際の基本的な縫い方で、糸を表と裏から同じ穴に交互に通していく縫い方

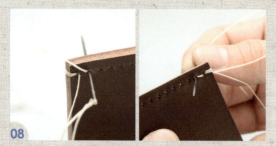

08 07の状態で、裏側から同じ縫い穴に糸を通します。先に通っている糸を針で刺さないように注意しましょう

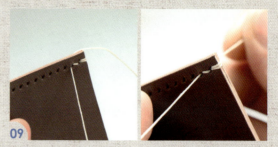

09 両側から糸を通したら、両側の糸を引いて糸を引き締めます。この後の目も、同じ力で引き締めることで縫い目がきれいになります

point 引き締め方の違いによる縫い目の変化

縫い目の引き具合のサンプルです。一番上は適正な引き締め具合です。二番目は引き締め方が弱く、目が崩れています。三番目は強く引き締めすぎた状態です。もちろん好みもありますが、適正と呼べる範囲内で調整しましょう

10 07〜09の作業を繰り返して、縫い進めていきます

▶縫い終わりの処理

11 最後の一目まで縫い進めていきます

12 最後の一目に糸を通し、縫い始めと同様に縁に糸をかけます

用語解説
縫い目：革と革を糸で縫い合わせた際に、革の表面に出る糸の目

13 さらにもう一回糸をかけて、二重に糸をかけます。ここも縁にかけた糸が重ならないように注意しましょう

14 コバに軽く糸が食い込む程度に、糸を引き締めます

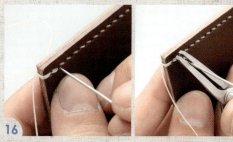

15 糸を二重にかけたら、そこから一目返し縫いします

16 糸が重なる部分は針が通りにくくなります。針をこじって抜こうとすると針穴部分で折れます。ヤットコやペンチ等でまっすぐ抜きます

17 もう一目返し縫いし、しっかり引き締めます

18 最後に表側に出ている糸を裏側に通して、両方の糸を裏側に出します

用語解説

返し縫い：縫い始めや縫い終わりの部分で、一度縫った部分に戻って重ねて縫うこと

19
裏側に出した糸を2mm程残してカットします。短くカットし過ぎると糸留めができなくなるので注意しましょう

20
カットした糸の先端を、ライターの火で炙って溶かします

> **point** ライターの火は調整しておきます
>
> ライターの火は大きすぎても小さすぎても焼き留めをしにくいので、火の大きさを適正に調整します

21
火で炙って溶けた糸（溶けた部分は玉状になっています）を、ライターの端で潰します

> **point** 糸留めの状態
>
> 糸がきちんと焼き留めされると、左写真のような状態になります。右は焼き留めする際に長く炙りすぎてしまったために、革が焦げてしまっています

22
正しく平縫いで縫い合わせると、このような縫い目になります。左が表、右が裏側で、表側は糸目が斜めになり、裏側はほぼ直線になります

> **糸目が狂っていたら原因を探ろう**
>
> 縫い終わったら縫い目を必ず確認しましょう。正しく縫い穴があけられている場合、糸目が狂うのは糸の交差順の間違えか、引き締め方が偏っているのが主な原因です。

用語解説
焼き留め：ポリエステル系の糸の始末の仕方。ライターの火で糸を溶かして、縫い穴から抜けないようにする

④ 一周縫い合わせる場合

平縫いのバリエーションとして、周囲を一周縫い合わせる場合の縫い方を解説します。縫い始めと縫い終わりの部分が通常とは少し異なってくるので、注意しましょう。

01 このように、周囲を一周繋げて縫う場合の縫い方を見ていきます

02 縫い始めの位置は、見た目や強度に影響しないところや、作業しやすいところを選びます

03 最初のポイントは、角の部分です

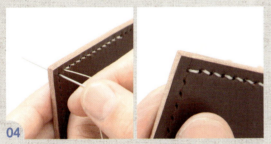

04 角の穴（丸穴になっています）に表側から糸を通します

05 角の穴に裏から糸を通して、しっかり引き締めます

06 角の穴に両面から糸を通したら、縫っている部品の方向を90°変えます

07 向きを変えたら、そこから次の角まで平縫いで縫い進めます。これを繰り返して、縫い始めの辺まで縫っていきます

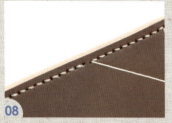
08 周囲を一周縫い、縫い始めの位置まで縫い進めてきました

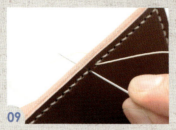
09 縫い始めの穴に、表側から糸を通します

10 縫い始めの穴に、裏側からも糸を通します

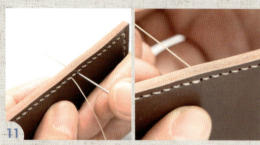
11 縫い始めの穴に縫ってきた糸を通したら、縫い返します

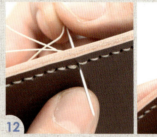
12 そのまま2目縫い返します。穴が狭いので、糸を突き刺したり、針を折ったりしないように注意しましょう

13 縫い返した2目めに、裏側から糸を通している所です

14 裏側から通した糸は、そのままもう1目縫って、裏側に糸を出します

15 裏側に糸を出したら、通常通りに糸を焼き留めて始末します

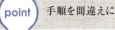

point 手順を間違えにくい縫い進め方

表側から縫い穴に刺した針を、途中で止めます

その状態で裏側から針を刺します。裏側からの針は、表から刺した針よりも縫い進める側に刺します

針を交差させた状態のまま、抜きます。こうすることで糸の交差を間違えることが無くなります

針を抜いたら、そのまま糸を通して引き締めます

▶糸が足りなくなった場合の継ぎ方

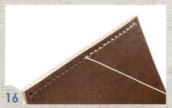

16
縫っている途中で糸が足りなくなることが分かったら、糸が縫えない長さになる前に糸を継ぎます

17
縫うのを一度止める縫い穴から、縫い返します

18
縫い返した糸が前の糸ときちんと重なるようにしましょう

19 裏側からも糸を通して縫い返します

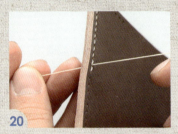

20 縫い返した糸をしっかり引き締めます

21 裏から通した糸を次の目に縫い返して、裏側に糸を出します

22 裏側に出した糸を、2mm程残してカットします

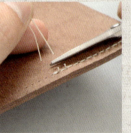

23 縫い止めた縫い穴に、新しい糸（残りを縫うのに充分な長さ）を通して、両側に同じ長さの糸を出します

24 ここから通常の平縫いをしていきます

25 途中で手を止めているので、糸を交差させる順を間違えないように落ち着いて縫い進めましょう

26 縫い終えたら、**22**でカットした糸も忘れずに焼き留めしておきましょう

point 焼き留め以外の糸留め方法

焼き留めをしない留め方として、皮革用ボンドエースを使った糸留めの方法もあります。皮革用ボンドエースと、仕立て用目打ちを用意します

糸をなるべく革の面の近くでカットします。革を傷付けないように注意します

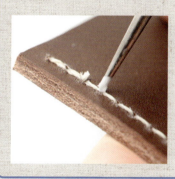

仕立て用目打ちの先端に皮革用ボンドエースを付けて、カットした糸に付けて縫い穴に糸を収めます

皮革用ボンドエースでの糸留めは、革を焦がす心配がありません

▶ 平縫いをする時の注意

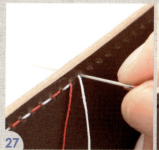  

糸を二重に縫い穴に通すため、先に通した糸に針が刺さり、糸が通ってしまうことがあります。その部分の縫い目は汚くなってしまいますし、糸の強度も落ちるので注意しましょう

コバ仕上げ

作品制作の仕上げとなる作業が、縫い合わせたコバの仕上げです。このコバ仕上げの出来不出来で、完成した作品のクオリティが大きく変わります。ここではコバ磨きのベーシックな方法を紹介していますが、自分なりに磨き方や工具を工夫して美しいコバを仕上げられるようにしましょう。

① コバ仕上げの基本
縫い合わせたコバは革が重なっていますが、きれいにコバを磨いて仕上げると1枚の革のようになります。

01 縫い合わせた部分のコバは、そのままだと毛羽立ったり、開いたりしてしまいます

02 接着剤を厚塗りしてしまうと、層ができていることがあります。この接着剤の層はコバを磨いても消えません

03 紙ヤスリでコバを削って、コバの高さを揃えます。段差があまりにも大きい場合は、薄く裁断しても良いでしょう

point ヤスリでコバを成型します

コバをある程度削って面を出したら、角を丸めるように削ります。コバを縦に見た時に、ドーム状になるようにしましょう

▶コバの磨き

04
コバの形を整えたら、トコノールを塗ります。コバを染色する場合は、トコノールの前に染料で染めておきます。

> **point** はみ出したトコノールはすぐに拭き取る
>
> トコノールはなるべくギン面にはみ出さないように塗るのが基本ですが、はみ出してしまった場合はすぐに布で拭き取りましょう

05
トコノールを塗ったコバを、へりみがきの溝で磨きます。ただし、磨けるコバの厚みには限界があります

> **point** より美しいコバを仕上げるためには
>
> へりみがきの溝よりも幅の厚いコバを磨くのには、プレススリッカーが便利です。溝も3サイズ設けられているので、様々な厚みのコバを磨くことができます

06
最後に布でしっかり磨き上げます。摩擦を加える事で、コバの表面がつるっとした状態に仕上がります

07
仕上げられたコバ。トコノールの水分を加えて磨いたことで、タンニンの色が上がってきています

コバ磨きはレザークラフトの真髄

コバ磨きは、レザークラフトの腕前を測るひとつの基準と言えるかもしれません。貼り合わせる際の接着剤の量や、磨き方によって同じ型とは思えないほど仕上がりに差が出ることもあるのです。

用語解説
タンニン：渋のこと。タンニンなめしの革の場合、使用していると中からこの渋が浮いてきて、革の色を変色させる

革カバン制作の基本

基本金具

金具は副資材として革作品の制作には欠かせません。ここでは「カシメ」、「ジャンパーボタン」、「バネホックボタン」、「ギボシ」という最もベーシックな金具の取り付け方を紹介しています。また、「カードポケット付きコインケース」と「トートバッグ」の制作記事中で、「マグネット」の取り付け方も紹介しています。

メタルプレート

① 金具取り付けの基本

金具を取り付ける際は、穴をあける必要があります。金具によって必要な穴の大きさは異なるので、サイズの合ったハトメ抜きを用意する必要があります。また、穴をあける際は、必ず下にゴム板を敷きましょう。

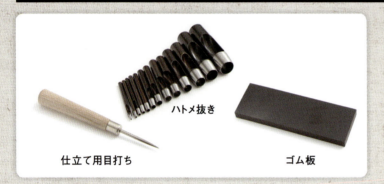

仕立て用目打ち　ハトメ抜き　ゴム板

01 型紙に記されている金具の取り付け位置に、仕立て用目打ちで印を付けます

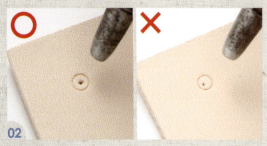

02 01で付けた印が中心に来るように、使用するサイズのハトメ抜きでアタリ（跡）を付けます

03 アタリにハトメ抜きの先端を合わせて、ウッドハンマーで打って穴をあけます

② カシメの取り付け

カシメは脱着することができない金具なので、革同士を留めるのに主に使用されます。ここで使用している「両面カシメ」の他に、片面が平らになる「片面カシメ」や、アタマの形が装飾された「飾りカシメ」等のバリエーションがあります。

01 両面カシメはアシ側もアタマと同形状になっています。取り付けには専用のカシメ打棒とメタルプレートを使用します

02 取り付け穴の裏側から、アシをセットします。表側からアシが、窪みの部分まで出ていればアシの長さは足りています

03 アシにアタマをセットします。表面に出ているアシにアタマをしっかり押し込みます

04 アシ側をメタルプレートのサイズの合った窪みにセットして、カシメ打棒で叩いて留めます

05 カシメを回してみて、回らなければきちんと取り付けられています。革の厚みとアシの長さが合っていないと、ずれたりきちんと留まらずに回ってしまうことがあるので注意しましょう

カシメの大きさとアシの長さ

カシメには色々なサイズあります。また、アシの長さも通常の「足短」と、アシの長い「足長」があります。使用する場所に合わせて、適切なサイズの物を使用するようにしましょう。

用語解説
アシ：金具の軸の部分。この足が表と裏からセットされた金具を繋いでいる
アタマ：金具の表側に付く、ドーム状になっている部分

③ ジャンパーボタンの取り付け　ジャンパーボタンは留める力の強い金具なので、バッグのかぶせ等に使用します。

01 ジャンパーボタンはゲンコとバネを組み合わせて取り付けます。取り付けにはジャンパーボタン打棒と、メタルプレートを使用します

02 ゲンコのホソを裏側からセットします。表側に3mm程度アシが出れば、長さは足りています

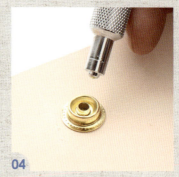

03 表に出ているアシに、ゲンコをセットします。ゲンコの中心部に、アシが2mm程出ていれば取り付けには問題ありません

04 ホソの下に、裏返したメタルプレートをセットします。ジャンパーボタン打棒の先端の突起を、アシの中心にある穴にセットします

05 ジャンパーボタン打棒をセットしたら、ウッドハンマーで打ってゲンコを留めます

06 アシが中で外側に開いて、ゲンコが固定されます。ゲンコが浮かないことを確認します

07 バネと組み合わされるアタマを、取り付ける部品の表側からセットします

用語解説

ホソ：金具の裏側に付く、平面上の部品に足が取り付けられた部品
ゲンコ：金具のいわゆる「オス」側の部品。ホソと組み合わせて固定される

革カバン制作の基本

08 革の裏側に、アタマのアシの先端が3mm程出ていることを確認します

09 アタマをサイズに合ったメタルプレートの窪みにセットします。アタマを窪みにセットしたら、バネをアタマのアシに乗せます

10 ゲンコ側と同様、中心の穴にジャンパーボタン打棒をセットして打ち、アシを外側に広げることでバネを固定します

11 バネとゲンコを脱着してみて、取り付け状態を確認します

12 アタマを回してみて、回らなければ取り付けは完了です

両面を表側にできます

ジャンパーボタンはホソの代わりにアタマを使うことができます。そうすると、バネ側、アタマ側の両面を表として使うことができます。ゲンコの裏側が見える作品の場合は、この方法を使いましょう。

用語解説

バネ：金具のいわゆる「メス」側の部品。アタマと組み合わせて固定される
打棒：金具を留めるために打つ専用の道具。金具に合ったサイズの物を、木づちなどで打って使用する

④ バネホックボタンの取り付け

バネホックボタンは留める力がそれ程強くないので、革作品に最も多く使われる金具です。大きさは小、大、特大の他に小よりも小さいプリムバネホックボタン等もあります。

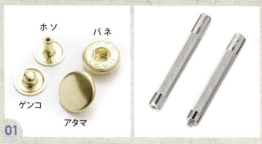

01 バネホックボタンはゲンコとホソ、バネとアタマの組み合わせで使用します。バネホックボタン打棒は、オスとメスの二種類が必要です

02 ゲンコの裏側になるホソを、革の裏側から取り付け穴にセットします。革の表面からアシの先が3mm程度出ていることを確認します

03 アシにゲンコをセットして、バネホックボタン打棒（メス）で打ちます。打棒はバネホックボタンに合ったサイズの物が必要です

04 革の裏側から、取り付け穴にバネをセットします。バネの先端は革の表面から出ません

05 アタマをセットすると、先端がバネの中に出ます。2mm程出ていることを確認し、バネホックボタン打棒（オス）で打って留めます

06 バネとゲンコを脱着して、取り付け状態を確認します。ゲンコに浮きが無いことと、アタマが回らないことも確認しておきます

⑤ ギボシの取り付け

ギボシは革にあけた穴を受けに使う金具です。金具が表に大きく出ないので、シンプルなイメージのアイテムにマッチします。取り付けはマイナスドライバーで行なうので、専用の打ち具が必要無いというのもギボシのメリットです。

01 ギボシは本体とネジで構成されています。ネジを締めるためのマイナスドライバーは、刃先の幅が広いものが必要になります

02 革の裏側から、取り付け穴にネジをセットします。ネジ部が革の表面から、5mm程度出ることを確認しましょう

03 ギボシが革の表面に当たるまではギボシを回してねじ込み、最後にギボシを押さえながらドライバーでネジを締めます

04 ギボシが取り付けられた状態。ネジの緩みが気になるようであれば、ネジ部に皮革用ボンドエースを少し塗ってから締めると、緩み止めになります

05 ギボシの受け穴を留め革にあけます。穴をあけたら、上方向に5mm程切れ目を入れます

06 ギボシを受け穴にはめて、締まり具合を確認します。最初は脱着が少しきつくても、使っている内に馴染んできます

用語解説
受け穴：ギボシ等、革を直接留めるタイプの金具を留めるために、革にあける穴

革カバン制作の基本

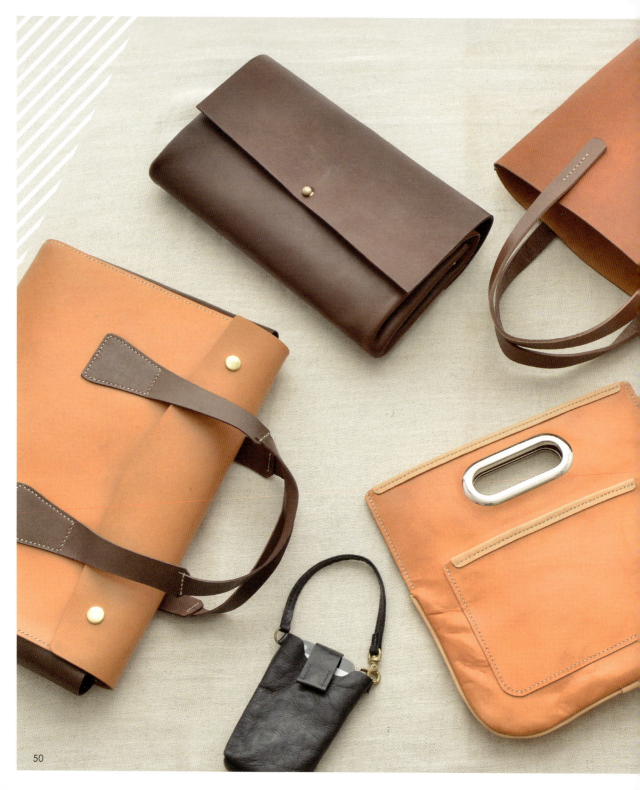

MAKING OF LEATHER BAG
革カバンの作り方

ここからは革カバンの作り方を紹介していきます。基本的な作り方を覚えたら、型紙を拡縮したりアレンジしたりして作品のバリエーションを広げましょう。

- スマートフォンポーチ P.52
- A4トートバッグ P.72
- アコーディオンクラッチバッグ P.88
- トラベルポーチ P.110
- クラッチバッグ P.132
- ツールバッグ P.158

Item 01　SMARTPHONE POUCH

スマートフォンポーチ

カバンの中で行方不明にならないように、ストラップなどに取り付けられるように設計されたスマートフォンポーチです。
型紙はiPhone5、5Sに合わせた基本形なので、型紙をアレンジして自分のスマートフォンピッタリに作ってみましょう。

Parts 材料

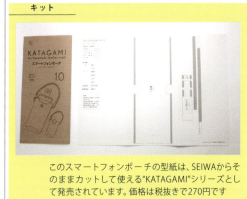

キット

このスマートフォンポーチの型紙は、SEIWAからそのままカットして使える"KATAGAMI"シリーズとして発売されています。価格は税抜きで270円です

①ナスカン
②Dカン
③マグネット
④本体:ニューオイル（1.0mm厚）
⑤ミミ:ニューオイル（1.0mm厚）
⑥フラップ:ニューオイル（1.0mm厚）
⑦ストラップ（内側):ニューオイル（1.0mm厚）
⑧ストラップ（外側):ニューオイル（1.0mm厚）

Tools 工具

- カッター
- カッターマット
- ゴム板
- 仕立て用目打ちS
- ミニディバイダー
- 菱目打ち
- 木づち
- 手縫い針
- Wロー引き糸#5
- トコノール無色
- プレススリッカー
- ライター
- ボンドG17

各部品の裁断

型紙に合わせて部品を裁断します。本誌に付属しているのはiphone5、5Sに適したサイズですが、本体の長さや巾をアレンジすることで、自分のスマートフォンに合わせることができます。

型紙を裁断します
01

型紙を革のギン面に当てて、仕立て用目打ちで周囲をけがきます
02

けがいた線に合わせて、部品を切り出します
03

本体の底部分を切り出す際は、使用する部分を切ってしまわないように注意します
04

裁断道具は使いやすいものを

裁断には革包丁や別たち、カッター等を使います。自分の使いやすい物を選んで、きれいに切り出すようにしましょう。

ストラップなどの直線部分は、カッターの刃をなるべく寝かせて切り出します

05

小さい部品は、カッターの先端を使って切り出しましょう

06

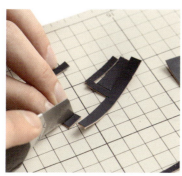

小さな部品を切り出す際は、指先を切らないように注意しましょう

07

切り出した各部品。不足がないことを確認しておきましょう。ストラップ以外の部品の床面を、トコノールで磨いておきます

08

各部品の下準備

本体にフラップを取り付けたり、ストラップやミミなどを制作していきます。きちんと部品を下準備しておき、最終的に本体に縫い合わせていきます。本体は手で揉んでシボ加工にしておくことで、内縫いして表に返すのが楽になります。

◆部品に印を付ける

本体を揉んで、表面にシボを付けます
01

しっかりと揉むと、このように革の表面にシボができます
02

本体の側面の縁に、ディバイダーを使って3mm巾で縫い代の線を引きます
03

線を引いた部分を、カッターの刃の背で荒らします
04

本体に、フラップの取り付け位置の印を付けておきます
05

フラップのマグネット取り付け部分の縫い代に、ディバイダーで3mm巾の線を引きます

06

06で線を引いた縫い代部分を、荒らします

07

フラップの本体との縫い合わせ位置に、印を付けます

08

◆ストラップの制作

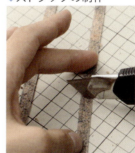

ストラップの床面を荒らします

01

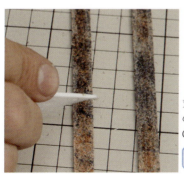

荒らしたストラップの床面に、ボンドG17を塗ります

02

貼り合わせない部分を型紙で確認し、ストラップの表と裏を貼り合わせます

03

各部品の下準備

04 ストラップの縫い穴の始点と終点に印を付けます

05 12で付けた印の間に、ディバイダーで縫い線を引きます

Point

06 ストラップに縫い穴をあけます。これは金具を付けて折り返す部分の縫い穴です

07 ストラップの本体側にも縫い穴をあけます

08 ストラップはこのように、中心に縫い穴をあけます

09 ストラップの片側に、Dカンを取り付けて折り返します

ストラップの先端部分を折り返して縫い穴の位置を合わせ、縫っていきます

10

そのまま、ストラップの本体を縫い合わせていきます

11

最後の部分の3目を残して、一旦縫うのを止めます

12

ストラップの先端に、ナスカンのリング部分を通します

13

ナスカンのリングを通したら、先端を折り返して縫い合わせていきます

14

最後の縫い穴まで縫うと、このような状態になります

15

各部品の下準備

16 2目返し縫いして、糸を裏側に出して始末します

17 ストラップはこのように、片側にDカン、もう片側にナスカンを付けます

◆その他部品の制作

01 ストラップを本体に取り付けるミミの、端から5mm程にボンドG17を塗ります

02 ボンドG17を塗ったミミに、Dカンを通します

03 ミミを2つ折りにして、ボンドG17を塗った部分を貼り合わせます

04 ミミを貼り合わせたら、貼り合わせた部分に菱目打ちで縫い穴をあけます

ストラップに取り付けたDカンにも、同様にボンドG17を塗ったミミを通します

05

ストラップ側のDカンに通したミミにも、菱目打ちで縫い穴をあけます

06

本体の底部分に、縫い穴のアタリを付けます

07

Point

縫い穴は底部分に6つ、両側面に3つずつあけます

08

型紙に合わせて、フラップの先端にマグネットを取り付けるための切れ目を入れます

09

フラップを裏返して、荒らしておいた縫い代部分にボンドG17を塗ります

10

各部品の下準備

11 09で作った切れ目に、ギン面側からマグネット（オス側）のツメを差し込みます

12 ツメを差し込んだら、裏側から座金をセットします

13 マグネットのツメを、内側に根本から折り曲げます

Point

14 折り曲げたマグネットのツメを、木づちで打ってしっかり折り曲げます

15 マグネットを取り付けたら、フラップの先端部分を折り返して、ボンドG17を塗っておいた縫い代部分を貼り合わせます

16 折り返した部分の表と裏に、ディバイダーで3mm巾の縫い線を引きます

折り返した部分のヘリの上に、仕立て用目打ちで縫い穴を1つあけます
17

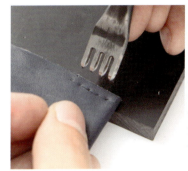
フラップを表側に返して、菱目打ちで縫い穴のアタリを付けます
18

アタリに合わせて、縫い穴をあけます
19

フラップの反対側の端（本体に取り付ける側）にも、印に合わせて縫い穴を2列あけます
20

フラップのコバに、トコノールを塗ります
21

フラップのコバをプレススリッカー等で磨いて仕上げます
22

各部品の下準備

23 型紙の印に合わせて、本体にフラップを縫い合わせる縫い穴をあけます

24 型紙に合わせて、本体の前胴側にマグネットを取り付けるための切れ目を入れます

25 24で作った切れ目に、マグネットのツメを差し込み座金をセットします

26 マグネットのツメを内側に折り、木づちで叩いてしっかり折り曲げます

27 ここまでで制作してきた本体、ストラップ、ミミ。丸い革は、マグネットの裏側を隠すために使用するあて革です

◆フラップの縫い付け

本体に取り付けたマグネットの裏側と、あて革の床面にボンドG17を塗ります

01

位置を合わせて、あて革をマグネットの部分に貼ります

02

フラップの先端部分を縫い合わせます

03

両側を縫い合わせて、糸を裏側で始末します

04

05 マグネットを取り付け、先端部分を縫ったフラップはこのような状態になります

各部品の下準備

フラップの縫い穴と本体にあけた縫い穴の位置を合わせて縫っていきます

06

フラップの外に二重に糸をかけて縫い合わせます

07

反対側の端にも二重に糸をかけて返し縫いし、糸を裏側で始末します

08

フラップの下側の縫い穴も、同様に縫い合わせます

09

本体にフラップを縫い合わせた状態です

10

本体の縫い合わせと仕上げ

本体を縫い合わせます。Dカンを付けたミミとストラップが口の部分に入るので入れ忘れないように注意しましょう。また、内縫いなので取り付ける向きを間違えないようにしましょう。本体を縫い合わせたら、表側に返して完成です。

◆本体の貼り合わせと穴あけ

01 荒らしておいた本体の縫い代に、ボンドG17を塗ります

02 底の部分で床面が表になるように2つ折りにして、本体の縫い代を貼り合わせます

03 本体を貼り合わせたら、側面に3mm巾で縫い線を引きます

04 本体の上側の口部分を少し剥がして、ミミとストラップを内側向きに挟み込みます

05 貼り合わせた本体の側面に、縫い穴をあけます。ミミの部分の縫い穴と、縫い穴の位置を合わせます

本体の縫い合わせと仕上げ

◆角の縫い合わせ

Point

最初に角の部分を合わせて、角だけを縫い合わせます

01

底の部分を潰すようにして、端の穴に糸を通します

02

穴の位置を合わせて、底の部分を縫い合わせます

03

底の部分を縫い合わせたら、側面側に糸を通して、コバに糸をかけます

04

側面側に通した糸を、底側に通して引き締めます

05

底に通した糸を返し縫いして、始末します

06

両側の角を縫い合わせると、このような状態になります

07

◆側面の縫い合わせ

側面を縫い合わせます。底を縫った時に側面にかけた糸と同じ縫い穴から縫い始めます

01

側面を平縫いで縫い進めます

02

SMARTPHONE POUCH

本体の縫い合わせと仕上げ

Point

上の縁には、二重に糸をかけます

03

2目返し縫いして、糸を始末します

04

本体の両側面を縫い合わせて、本体は完成です

05

内縫いでも縫い目はきれいに

内縫いは表に返すので、ステッチは見えなくなります。ただし、見えないからといっていい加減に縫うと、形が崩れるので注意しましょう。

◆仕上げ

本体を、表に返します。まず、角の部分から押し込んでいきます

01

本体の革が伸びないように、少しずつ押し込んで表に返していきます

02

本体を表に返したら、内側に手を入れて角の部分をしっかり押し出します

03

使いやすいデザインの
シンプルなスマホポーチ

完成！

カバンの持ち手などに取り付けて使える、使いやすいデザインのスマートフォンポーチです

Item 02　A4 SIZE TOTE BAG

A4トートバッグ

キャンパスノートやタブレットPCなど、A4サイズの物をざっくりと収納できるシンプルなトートバッグ。材料の状態で全ての縫い穴をあけるため、接着剤を使わずに制作することができます。ステッチやコバの色を変化させてもよいでしょう。

Parts 材料

①本 体：オイルレザー（1.8～2.2mm厚）　※SEIWAが扱う40cm巾のカット革（長さ90cm以上）が使えます
②持ち手：ベルト革（オールタンニンレース・20mm巾・100cm以上）

Tools 工具

- トコノール無色
- のりベラ
- プレススリッカー
- カッター
- らくぬ～り
- クリップ
- ローパスバチック（焦茶）
- 溶き皿
- ハトメ抜き10号（直径3mm）
- 木づち
- ゴム板
- 菱目打ち5mm巾
- 仕立て用目打ちS
- 定 規
- ボンドG17

制作の流れ

材料は本体革と持ち手用のベルト革のみで、仕立てた後では磨けない床面やコバを先に仕上げます。その後は、本体に2本の持ち手を縫い合わせ、次に本体の両側面を縫い合わせて筒状に。そして、最後に底の両端を縫い合わせ、コバを磨いて仕上げます。

◆ 本体の床面磨き

本体の床面全面に、のりベラでトコノールを塗り広げます

01

プレススリッカーで床面を擦り、毛羽立ちを抑えます

02

Point

床面の面積が広い場合は、ガラス板を使用すると効率よく磨くことができます

03

◆ 本体のコバ磨き

コバの染色に使用する、「らくぬ〜り」を切り出します。らくぬ〜りを1cm四方程度に切り出し、クリップで挟みます

01

「ローパスバチック」を少量、溶き皿に出します。ここでは焦茶を使用していますが、本体革の色に合わせ、好みの色を選んで構いません

02

クリップで挟んだらくぬ〜りに、溶き皿上のローパスバチックを含ませます

03

"コ"の字に切り抜いた2ヵ所を除き、本体のコバ全辺を染色します。手を止めると染料がギン面まで浸透してしまうため、手を止めずにコバを擦って染色します

04

染色したコバにトコノールを塗り、プレススリッカーで擦って磨きます

05

制作の流れ

◆本体の穴あけ

01 仕立て後に底の両角となる、"コ"の字に切り抜いた箇所の内角に10号のハトメ抜きで穴をあけます。角の頂点を中心とし、合計4ヵ所に同じ穴をあけます

02 本体に型紙をピッタリ合わせ、縫い穴のアタリを付けます

03 型紙の穴に従い、菱目打ちを突いて縫い穴のアタリを付けていきます

04 写真の位置、"コ"の字に切り抜いた箇所の外角は、目打ちでアタリを付けます

05 角から先の縫い穴は、再び菱目打ちでアタリを付けます

型紙の継ぎ目に当たる写真の位置にも縫い穴をあけるため、型紙の端に合わせ、目打ちを突いてアタリを付けます

06

本体両側面及び底両角の部分にアタリを付けたら、持ち手の取り付け位置を表す2つの印を突いてアタリを付けます

07

本体の半面全てにアタリを付けたら、型紙を反転させて残りの半面にも同様にアタリを付けます

08

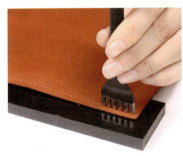

付けたアタリに従い、菱目打ちで縫い穴をあけます

09

04でアタリを付けた外角は、目打ちを突いて穴をあけます

10

制作の流れ

11 持ち手取り付け位置の印をつなぐ線をけがきます

12 けがいた線の上にアタリを付け、縫い穴をあけます。線の両端に当たる印位置は目打ちで、その内側は菱目打ちで穴をあけます

◆持ち手の制作

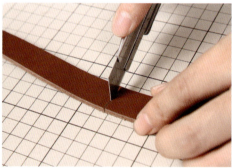

01 持ち手用のベルト革を2本に切り分けます。ここでは50cmに切り分けていますが、肩掛けで使用したい場合などは好みの長さで切り出してください

Point

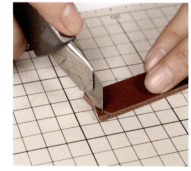

02 持ち手の両端を丸く整えます。身近にある硬貨など、丸い物をテンプレートに裁断線をけがきます

03 裁断線に従い、持ち手の両端を丸く裁断します

04 丸く裁断した端を、#180の紙ヤスリで均し整えます

05 角を軽く裁ち落とすなど、持ち手の端は好みで整えてください

06 持ち手の床面にトコノールを塗り伸ばし、プレススリッカーで擦って毛羽立ちを抑えます

07 コバにトコノールを塗り、プレススリッカーで擦って磨きます

08 形を整えた両端のコバも、トコノールを塗って磨きます

制作の流れ

持ち手を縦に割る中心、端から2cmの位置に印を付け、その印からさらに4cm進んだ位置にも印を付けます

09

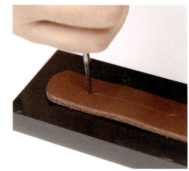

付けた印をつなぐ線をけがき、2つの印位置に目打ちで縫い穴をあけます

10

10であけた穴を基準にアタリを付け、本体の持ち手取り付け位置に適合する縫い穴をあけます。2本の持ち手の両端、計4ヵ所に同じ縫い穴をあけます

11

◆持ち手を縫い合わせる

縫う範囲の4倍の糸を用意し、本体に持ち手を縫い合わせます。本体口元側の縫い穴を揃え、針を通して糸の長さを均等に分けます

12

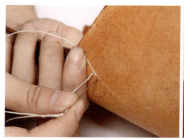

13 最初の1目は返し縫いし、目を重ねて強度を保たせます

14 以降、底側の端へ向かい、平縫いで縫い進めます

15 底側の端まで縫い終えたら、1目戻って返し縫いし、表側の針をさらに1目戻して裏側に回します

16 裏側で2本の糸を切り、ライターの火で焼き留めて始末します

17 持ち手の片端を縫い合わせたら、反対側の端も同様に縫い合わせます。この時は、持ち手が捩れないように注意してください

18 片方の持ち手を本体に縫い合わせたら、残りの持ち手も同様に縫い合わせます

制作の流れ

◆ **本体の両側面を縫い合わせる**

本体の底を軽く折り、側面を片側ずつ縫い合わせます。縫い糸は、縫う長さの4倍を用意します。

01

02 底の角を重ね、目打ちであけた穴を揃えて縫い始めとします。この時、重ねる革の上下は好みで決めて構いません

03 縫い始めで糸の長さを均等に揃え、口元へ向かって平縫いします。ここでは、最初の目を返し縫いして重ねます

04 縫い合わせる革を接着していないため、始めのうちは糸の締めが甘いと革が離れてしまいます。1目縫う毎に糸を確実に締めながら縫い進めていきます

05 ある程度まで縫い進めると、革が密接して縫い易くなります

06 口元の端まで縫い終えたら、口元へ掛けて糸を渡します

07 口元で側面が開かないよう、さらに糸を渡します。渡した糸が交差すると見栄えが悪いので、右写真の様に並べて糸を締めます

08 底へ向かって返し縫いし、表の糸をさらに次の穴へ通して裏へ回し、本体の内側で糸を始末します

09 本体側面の片側を縫い終えた状態。残りの側面も、底側から同様に縫い合わせます

制作の流れ

先に縫った側面と同様、底の角を重ねて縫い始めます。革の重ね順は、好みで決めて構いません

10

本体の両側面を縫い終えた状態。次は底の両脇を縫い合わせます

11

◆底を縫い合わせる

ハトメ抜きで穴をあけた部分を押し潰し、縫い穴を揃えて平縫いします

01

Point

ボンドを使わなくても縫えますが、縫い穴の外側にボンドを塗って貼り合わせると、コバをキレイに仕上げられます

02

縫う長さの5倍の糸を用意し、側面側を表にして一番端の穴から縫い始めます

03

縫い穴を揃え、次の穴に針を通して端の1目を作ります

04

05 端の目は返し縫いし、強度を保たせます

06 縫い穴を1つずつ拾いながら、平縫いで縫い進めます

07 側面の縫い始めとなった縫い穴は、3枚重なった状態で針を通します

08 針を抜きにくい場合は、ヤットコなどで掴んで抜きます

09 3枚重なった次の縫い穴は、側面のコバを避けて針を通します

10 糸を締め、側面のコバに掛かる目を作ります

制作の流れ

11 一番端まで縫い終えたら1目返し縫いし、側面側の針を次の穴に通します

12 底側で2本の糸を始末します

13 反対側も同様に縫い合わせれば、本体の縫製は終了です

◆底のコバ磨き

01 磨くコバを確認し、面が揃っていない場合はカッターで整えます

02 紙ヤスリを平行に掛け、コバを平らに均します

03 紙ヤスリを平行に掛けることでコバの角が立つため、角に対して紙ヤスリを斜めに掛け、角を落とします。この時は、ギン面側から一方向に紙ヤスリをあてます

04 整えたコバを、本体の口元や側面と同様に染色します。両端の丸く抜いた部分は、バチックを染み込ませた綿棒をポンポンと叩くように染色します

05 染色したコバにトコノールを塗り伸ばします

06 プレススリッカーでコバを磨きます。両端の窪んだ部分は、目打ちの軸などを使って磨きます

07 染色と磨きを終えた底のコバ。磨きを繰り返すことで、好みの仕上がりを目指しましょう

シンプルさが際立つトートバッグ

完成！

シンプルがゆえ、素材の質感がバッグの見栄えを左右します。ポケットなどを加え、アレンジしても良いでしょう

Item 03 ACCORDION CLUTCH BAG

アコーディオンクラッチバッグ

楕円形の本体がマチを兼ね、そのマチがアコーディオンのように広がるユニークなクラッチバッグ。多くのポケットを備えて利便性が高く、大小のカシメを使うことで縫製をせずに仕立てられる、非常に独創的な作品です。

Parts 材料

①本体：オイルレザー（1.8mm厚）
③かぶせB：オイルレザー（2.8mm厚）
⑤ポケット仕切り：ニューオイル（1.0mm厚）
⑩シャイン（合皮裏地）・黒：0.3mm厚（35×35cm程度）
⑬大カシメ・両面足短：2セット
⑮バネホック大：2セット

②かぶせA：オイルレザー（2.3mm厚）
④底マチ：オイルレザー（2.8mm厚）
⑥⑦⑧⑨ポケットA/B/C/D：ニューオイル（1.0mm厚）
⑪ギボシ大：1セット　⑫小カシメ・両面足長：36セット
⑭大カシメ・両面足長：12セット

Tools 工具

- 仕立て用目打ちS
- カッターマット
- カッター
- トコノール
- のりベラ
- プレススリッカー
- ゴム板
- ハトメ抜き7号（直径2.1mm）
- ハトメ抜き8号（直径2.4mm）
- ハトメ抜き10号（直径3.0mm）
- ハトメ抜き18号（直径5.4mm）
- ハトメ抜き30号（直径9.0mm）
- 木づち
- 定規
- クリップ
- らくぬ〜り
- ローパスバチック
- プレススリッカー
- ボンドG17
- メタルプレート
- カシメ打棒〈小〉
- カシメ打棒〈大〉
- バネホックボタン打棒 No.5〈大〉

各パーツの裁断と穴あけ

各パーツに型紙をあて、裁断線をけがくと共に各穴あけ位置に印を付けて裁断します。裁断後はかぶせA/B、本体、各ポケットの床面を磨き、各穴あけ位置に穴をあけてコバを磨きます。型紙が指定するサイズに従い、正確にカシメ取り付け穴をあけてください。

01 材料の革に各型紙を合わせ、裁断線をけがきます

02 各穴あけ位置の中心を目打ちで突き、革へ印を写します

03 けがいた裁断線に従って、各パーツを裁断します

04 かぶせAとかぶせB、各ポケットの床面にトコノールを塗り、プレススリッカーで擦って磨きます

05 本体の床面も磨きます

各パーツの穴あけ位置に、型紙の指定に従って、7号、8号、10号、18号のハトメ抜きで穴をあけます

06

かぶせAに、30号のハトメ抜きでギボシの受け穴をあけます

07

Point

ギボシ受け穴の内側に、5mm程の切り込みを入れます

08

09 底マチのポケット取り付け穴をつなぐ2mm巾程の裁断線をけがき、これを裁断してスリットを設けます

10 型紙の指定位置全てに、このようなスリットを設けます

各パーツの裁断と穴あけ

◆裁断と穴あけを終えたパーツ

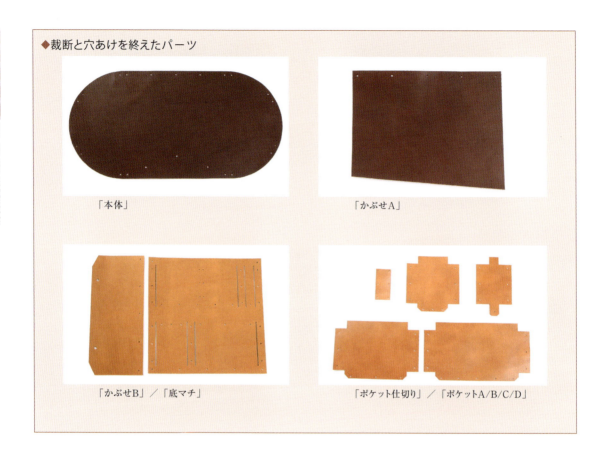

「本体」　　「かぶせA」

「かぶせB」／「底マチ」　　「ポケット仕切り」／「ポケットA/B/C/D」

本体、かぶせA、かぶせB、そして底マチの口元側面のコバを染色して磨きます。各コバにローパスバチックを擦り（p74〜参照）、プレススリッカーで軽く磨きます

11

12 染色したコバにトコノールを塗り、プレススリッカーで磨きます

13 本体の曲面部分は、机の上などで、柔らかい布で磨きます

底マチの制作

ここでは、本体に収める底マチを制作します。底マチは、裁断・穴あけ後に設けたスリットにポケットを取り付け、小カシメを打つことで全てを取り付けます。ポケットを全て取り付けた後は、本体内で前後の収納部となる、裏側に合皮裏地を貼り合わせます。

◆ポケットを取り付ける

01 各ポケットの口元（穴をあけていない辺）を、写真のように床面側へ折り込みます

02 口元を折り込んだ状態のまま、その3側面をけがきます

03 けがいた範囲内をカッターの刃の背で荒らし、ボンドG17を塗ります

底マチの制作

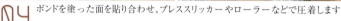

04 ボンドを塗った面を貼り合わせ、プレススリッカーやローラーなどで圧着します

05 全てのポケットの口元を、床面へ折り込んで貼り合わせます

06 各ポケットのマチを床面側へ折り込み、プレススリッカーで折りクセをつけます。この写真では、角を落としていない横側面のマチを折り込んでいます

07 角を落とした底のマチも、同様に床面側へ折り込みます

08 横側面のマチを1cm程の所で折り返し、折りクセを付けます

09 反対側も同様に折りクセを付けます

10 底のマチはポケットの内側へ向けて折りクセを付けます

11 ポケットAを仕上げた状態。側面のマチは外側へ、底のマチは内側へ折り返してクセを付けます。他のポケットも同様に仕上げます

12 ポケット仕切りの床面を合わせて山折りし、山折りの頂点を残すように、両脇の穴をあけた辺を広げて折りクセを付けます

13 ポケット仕切りをこのような状態にします

14 各ポケット及びポケット仕切りを仕上げた状態。この状態で、底マチの各部に組み合わせていきます

底マチの制作

15 底マチのポケット仕切り取り付け穴いずれかに、床面側から小カシメのアシをセットします。セットしたアシを、サイズの合うメタルプレートの窪みにセットします

16 ギン面側で6個の穴位置を揃え、ポケット仕切りを合わせます

17 小カシメのアシに、同アタマをセットします

18 カシメ打棒でアタマを軽く叩き、ポケット仕切りがわずかに動く余地を残して小カシメを仮留めします

19 ポケット仕切りの固定部、1ヵ所を仮留めした状態

20 残りの5ヵ所にも同様に小カシメを仮留めし、ポケット仕切りの位置が確実に決まった所で全てのカシメを打ち込み、完全に留めます

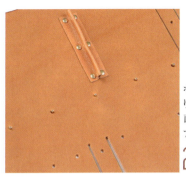

ポケットDの底側取り付け穴5ヵ所に、床面側から小カシメのアシをセットします

21

ポケットDの底側、マチの取り付け穴を、ギン面同士を合わせて写真のようにセットします

22

小カシメのアシに同アタマをセットし、全てを順に打棒で叩いて留めます

23

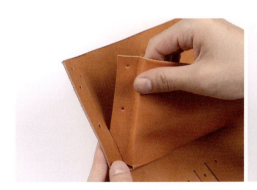

ポケットDの底を軸に起こし、外側面のマチを底マチのスリットに差し入れて収めます

24

底マチの制作

25 スリットに通したポケットD側面のマチ、床面側から小カシメのアシをセットします

26 セットしたアシにアタマを合わせ、カシメ打棒を叩いて留めます

27 ポケットD、外側面のマチを小カシメで固定した状態

28 ポケットD、内側面のマチを底マチのスリットに収めます

29 ポケットBの底を小カシメで留めます

30 ポケットBを、底を軸に起こし、両側面のマチを底マチのスリットに収めます

31 ポケットBとD、内側面のマチを重ねて穴位置を揃えます

32 揃えた穴に小カシメのアシをセットします

33 小カシメのアタマをセットし、打棒で叩いて留めます。ポケットB、外側面のマチも同様に、小カシメで留めます

34 底マチの片側に、ポケット仕切りとポケットD及びポケットBを取り付けた状態

底マチの制作

ポケットAとCを、BとD同様に取り付けます。まずはそれぞれの底を小カシメで留めます
35

各ポケットを、底を軸に起こし、側面のマチをスリットに収めて留めます。各内側面のマチは重ねて留めます
36

底マチにポケット仕切り及び、4つのポケットを取り付けた状態。次は裏側に裏地を貼り合わせます
37

◆裏地を貼り合わせる

35cm四方のシャイン（合皮裏地）を用意し、はくり紙を剥がして接着面を表に置きます
01

底マチの底を中心に軽く折り、シャインの中心に折り曲げた部分を合わせて貼り合わせます
02

03 シワができないように注意し、底マチを開くように全面を貼ります

04 底マチの全面を貼り合わせたら、各部を押して圧着します

05 底マチを表に置き、各側面にはみ出した余分なシャインを裁ち落とします

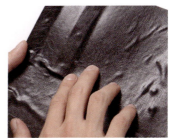

06 底マチを裏返し、シャイン表面の気泡やシワを指で均します

07 底マチを底で折り曲げ、閉じた状態にクセ付けします

08 口元側4ヵ所、本体を合わせる穴とかぶせBを合わせる3ヵ所の穴がシャインで塞がるため、全てを目打ちで突いて穴をあけます

ACCORDION CLUTCH BAG

本体を仕立てる

本体の仕立てではまず、ポケットを取り付けて裏地を貼り合わせた底マチにかぶせBを取り付けます。次に、本体にギボシとバネホックを取り付け、本体側面のジャバラマチを折り込んで仕立てた上で底マチを収め、最後にかぶせAを取り付けます。

◆底マチにかぶせBを合わせる

01 かぶせBに、アタマをギン面側にしてバネホックのバネをセットし、バネホックボタン打棒で留めます

02 かぶせBにバネホックのバネとアタマを取り付けた状態

Point

03 バネホックのバネは、平行に並ぶ内部のバネを開閉方向に揃えて取り付けます

04 次は、かぶせBと底マチをこの写真のように合わせます

05 底マチのかぶせB取り付け穴、内側の3ヵ所に大カシメ・足長のアシをセットし、かぶせBをこれに合わせます

06 かぶせBのギン面でアタマをセットし、カシメ打棒を叩いて留めます

◆本体を仕立てる

07 本体のギボシ取り付け穴に、床面からギボシのネジを収めます

08 本体のギン面より、ギボシの本体をネジにねじ込みます

09 本体のバネホック取り付け穴に、バネホックのホソとゲンコを取り付けます

本体を仕立てる

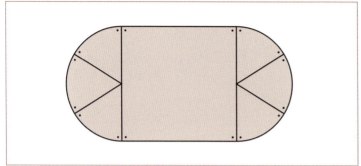

本体の半円部、図中の直線部に折目を付けてジャバラ状に畳みます

10

11 カシメ取り付け穴を揃えるように、その中心をつまんで折目を付けていきます

12 つまんだ箇所から半円の中心へ向かう折目を付けます

13 図で表した各線部に、順に折目を付けていきます

手で付けた折目をプレススリッカーで擦り、しっかりとした折目にします

14

半円の中心を基点に、ジャバラを扇型に畳んで整えます

15

本体両脇の半円を同様に畳み、この写真のような状態にします

16

本体のジャバラ部分で挟むように、底マチを収めます。この時、底マチのかぶせBを本体のバネホック側と反対にして収めます

17

本体を仕立てる

18 本体ジャバラ部のカシメ取り付け穴と、本体に収めた底マチのカシメ取り付け穴を揃えます

19 本体のジャバラ部で底マチを挟み、揃えたカシメ穴に目打ちを通してカシメを通しやすくします

20 揃えたカシメ穴に、大カシメ・足長を仮留めします

21 本体と底マチの各固定部、カシメ穴に目打ちを通し、穴を揃えて大カシメ・足長を仮留めしていきます

22 左写真、○印で表した4ヵ所を大カシメ・足長で仮留めします

23 仮留めした大カシメを、カシメ打棒で叩いて固定します

次は本体の前側、ジャバラ部のカシメ穴を揃えて大カシメ・足短を留めます
24

机の角等を使い、留めた大カシメを叩いて固定します
25

かぶせBを閉じ、2ヵ所のバネホックを合わせます
26

5ヵ所のカシメ穴を揃え、かぶせAを本体の背面に合わせます。揃えたカシメ穴に大カシメ・足長をセットし、仮留めします
27

5ヵ所のカシメ穴、全てに大カシメ・足長を仮留めします
28

仮留めした大カシメを打棒で叩き、かぶせAを固定します
29

本体を仕立てる

かぶせAを閉じてギボシを受け穴にはめ、側面の畳んだジャバラ部を押し込んで形を整えます

30

ジャバラの隙間にプレススリッカーをあて、見栄え良く整えます

31

形を整えつつ、ジャバラの折目をしっかりとクセ付けします

32

完成！

以上で、アコーディオンクラッチバッグは完成です。最初は固いオイルレザーですが、使い込む内に馴染み、コバや各部に味が出てきます

◆ 色違いのかぶせと
◆ 高い収納力が魅力

本体のかぶせを開けば、背面収納部へアクセス。そして内側のかぶせを開けば、細かいポケットで仕切られた収納部へとアクセスできます

Item 04 TRAVEL POUCH

トラベルポーチ

柔らかいクロムなめし革を内縫いで仕立て、ステッチが表に出ないトラベルポーチ。クロム革ならではの鮮やかな発色と、柔らかな質感が魅力の作品です。持ち手にジャンパーボタンを用い、長さが変えられるのも特徴の1つです。

Parts 材料

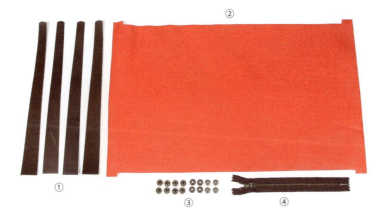

① 持ち手：ニューオイル
　（1mm厚）
② 本体：ミンクルカット厚
　（約1.4mm厚）
③ ジャンパーボタン小
　アタマ×8
　ゲンコ×4
　バネ×4
④ ファスナー3号：20cm
　※長さは上止と下止の間
　　隔を表しています

Point

本体の「ミンクルカット」は、とても柔らかい革です。裁断線を引く際や裁断する際は、革を伸ばしてしまわないように注意し、押さえる位置を小刻みに変えるようにしましょう

Tools 工具

- 銀ペン
- カッターマット
- カッター
- ゴム糊
- のりベラ
- ゴム板
- ミニディバイダー
- 菱目打ち5mm巾
- 定規
- 両面テープ・2mm巾
- 手縫い針
- Wロー引き糸#5
- ハサミ
- ライター
- 仕立て用目打ちS
- 光沢紙（不要なチラシやポスターなど）
- ローラー（無くても可）
- トコノール
- プレススリッカー
- ハトメ抜き10号
  （直径3.0mm）
- ジャンパーボタン打棒
- ひしきり（no.1）

制作の流れ

まずはファスナーの下処理をし、これを本体の口元に縫い合わせます。その後、本体の側面を貼り合わせて裏返し、縫い合わせた後に再度裏返します。続けて持ち手を制作し、これを本体の口元両脇に縫い合わせれば、トラベルポーチは完成です。

◆ファスナーの下処理

01 ファスナーを裏返し、上止からはみ出した余分な布にゴム糊を塗ります

02 スライダーを中心に分かれた布、両方へゴム糊を塗り、中央を開くように三角に追って貼り合わせます（右写真参照）

03 三角の部分と、これを上へ折った部分にゴム糊を塗ります

04 三角の部分を両方とも、スライダー側へ折って貼り合わせます

05 ファスナーの下止側も同様に、布を2回折って貼り合わせます。下止側は、ファスナーを開くと作業がしやすくなります

両端を処理した、ファスナー表側の状態。これで、ファスナーの下処理は終了です

06

ファスナーの処理方法

両端を折り込んで処理する他、布の素材がナイロンの場合に限り、両端をカットし、ライターの火で炙ってほつれ止めすることもできます。

◆ファスナーを縫い合わせる

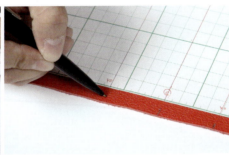

本体の両側面（耳がある長辺）、貼り合わせて折り返す部分に銀ペンで印を付けます。この印は、ギン面と床面両方に付けておきます

01

02 本体のギン面、口元側両辺にファスナー取り付け位置とファスナー中心位置を付けます

03 ミニディバイダーを3mmにセットし、2つのファスナー取り付け位置をつなぐ縫い線を引きます。縫い線に従い、菱目打ちで縫い穴をあけます

制作の流れ

04 ファスナーの両端、端から10cmの中心位置に印を付けます

05 ファスナーの表側、両側面の端に沿って両面テープを貼ります

06 片側の両面テープのはくり紙を剥がし、本体口元のファスナー中心位置に揃えます

Point

07 次はファスナーを本体の床面に貼り合わせます。貼り合わせる目安は、布の織り目が切り替わるスライダーから3mm程の部分とします

08 ファスナーと本体口元の中心位置をピッタリ揃え、ファスナーの上へ本体を被せるように双方を貼り合わせます。スライダーから3mm程間隔を空け、平行に貼り合わせます

09 03であけた縫い穴の4倍程の糸を用意し、端から1目進んだ縫い穴から縫い始めます。縫い始めは端へ1目戻り、ファスナーの端へ掛かる目を作ります

10 端へ掛かる目を作り、そこから反対端へ平縫いで縫い進めます

ファスナーの端へ掛かる目は、返し縫いで2目重ね、強度を保たせています
11

Point

ミンクルカットは柔らかいため、糸を強く締めるとシワがよります。縫い目が解けない、適度な締め具合を確かめながら縫い進めてください
12

13 縫い終わりは、縫い始めと同様に目を重ねます

14 表側の針をさらに1目戻し、裏側に2本の糸を出してカットします

制作の流れ

15 カットした糸の余りをライターの火で炙り、焼き留めて始末します

16 ファスナーの片側を縫い合わせた状態です

本体を筒状にするように、反対側の口元をファスナーの端に合わせて貼り合わせます。貼り合わせ方は、08と同様です **17**

18 貼り合わせた本体とファスナーを縫い合わせます。縫い方は反対側と同様ですが、ファスナーを開いておくと縫い始めが容易になります

19 端から端まで縫い合わせたら、裏側で糸を始末します

本体の口元に、ファスナーを縫い合わせた状態。次は両側面を貼り合わせ、裏返した状態で縫い合わせます

20

◆本体側面を縫い合わせる

本体側面の床面、貼り合わせて折り返す、印を付けた範囲（p113の01参照）内にゴム糊を塗ります

01

中央の印を頂点に、その両端の印を揃えて貼り合わせます

02

印を正確に合わせ、コバをピッタリと揃えて貼り合わせます。片方の側面を貼り合わせたら、反対側の側面も同様に貼り合わせます

03

制作の流れ

04 両側面の両面、端から4mmの位置にミニディバイダーでのり代をけがきます。はみ出した耳の部分は、定規でけがき線を延長します

05 けがき線で分けたのり代に、ゴム糊を塗ります

06 片面を塗り終えたら、反対側の面にもゴム糊を塗ります

07 ファスナーを完全に開き、**03**で貼り合わせた底の部分を折り返して貼り合わせます。折り返し位置の印を頂点に折り返し、コバをピッタリ揃えて貼り合わせます

08 片面を折り返して貼り合わせたら、反対側の面も同様に折り返して貼り合わせます

09 口元へ向かい、片側面を底から半分程度貼り合わせます

10 片側面を半分程貼り合わせたら、本体を裏返して床面を表にします

11 口元を揃え、耳の部分から底へ向けて側面を貼り合わせます

12 コバをピッタリと揃えつつ、先に貼り合わせた底へ向かって側面を貼り合わせます。革の伸びを利用し、ダブつきが出ないように調整しながら貼り合わせていきます

制作の流れ

13 貼り合わせていない反対側の側面を、底から折り返して同様に貼り合わせます。まずは折り返した箇所から、口元へ向かい半分程を貼り合わせます

14 口元を揃え、底へ向けて側面を貼り合わせていきます

15 机や作業台の平面を使い、側面のコバをピッタリ揃えて貼り合わせます

16 本体を裏返し、両側面を貼り合わせた状態です。次は、貼り合わせた両側面を縫い合わせます

17 定規を使い、両側面の端から4mmの位置に縫い線を引きます

18 折り返した底の部分に、端へ1刃外して縫い穴をあけます

19 まずは4枚重なった範囲の、上の2枚に縫い穴をあけます

20 菱目打ちでは4枚の革へ一度に穴をあけるのが難しいため、2枚重なった部分で接着面を開き、下の2枚の革へ同様に縫い穴をあけます

21 下の2枚に縫い穴をあけたら、接着面を再度貼り合わせます

22 4枚重なった部分から先は、口元で1刃外れるように調整しながら縫い穴をあけていきます。4枚重なった部分との境目は、2枚を貼り合わせた革の下に適当な厚みの革を敷いて高さを揃え、段を避けてアタリを付けてから菱目打ちを打ちます

23 縫う範囲の4倍程度の糸を用意し、口元から底までを平縫いで縫い進めます。縫い始めは口元へ掛けて目を重ね、強度を保たせます

24 写真の段差の部分も、返し縫いして目を重ねます

制作の流れ

25 底でも返し縫いし、片面に糸を揃えて始末します

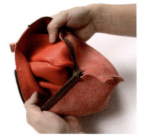
26 反対側の側面も同様に縫い合わせ、口元から表（ギン面側）を出して返します

Point

27 本体を完全に返したら、口元から内部へ手を差し入れ、底の両角を押し出して形を整えます

Point

28 側面を確認し、ゴム糊がはみ出していた場合は、目打ちなどで丁寧に取り除きます

29 口元の両端、貼り合わせた耳を剥がして開きます

30 ファスナーを開き、内側（床面）で耳を広げた際に接触する範囲に印（線）を付け（左写真参照）、そこにゴム糊を塗ります

31 内側の縫い目と口元側面のラインを揃え、口元の端を内側へ三角に折り曲げて床面同士を貼り合わせます

32 耳に対し、口元の側面を内側へ、このように貼り合わせます

33 耳の反対側も同様に、口元の端を内側へ三角に貼り合わせます

34 三角に折った部分、耳が重なる範囲へゴム糊を塗り、耳を広げて貼り合わせます

35 本体の側面から耳を見て、はみ出した部分をカットします

36 本体口元の両端、耳があった部分をこのように処理します

制作の流れ

反対側の耳も同様に処理すれば、本体での作業はひとまず終了です。次は持ち手を制作します

37

◆持ち手の制作

持ち手の床面、巾が広い側2cm四方程を除く全面にゴム糊を塗り、手に付かない程度まで半乾燥させます

01

先端（狭い方）が僅かに出る程度に、片方の持ち手の上に光沢紙の光沢面をかぶせます

02

持ち手の先端をピッタリ揃えて貼り合わせます。先端部を貼り合わせたら、光沢紙を徐々にスライドさせつつ、側面を揃えながら端へ向かい貼り合わせていきます

03

引き続き光沢紙をスライドさせ、持ち手を完全に貼り合わせます。貼り合わせた後は、真上から指先を押し当てて圧着します

04

ローラーがある場合は、さらに確実に圧着できます

05

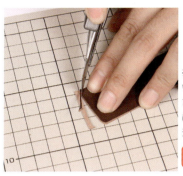

06 持ち手の端、巾が広い部分を確認し、ズレが生じている場合は余分を裁断して形を整えます

07 ゴム糊を塗っていない2cm四方は、このように開きます。この部分は後に、本体の口元両脇、耳があった部分を挟み込む部分となります

08 持ち手の全側面に、3mm巾の縫い線を引きます

09 縫い線に従い、縫い穴をあけます。巾が狭い先端部は、その中心に縫い穴が来るように2本菱目打ちでアタリを付けます

10 アタリを付けた巾が狭い先端部のみ、目打ちで縫い穴をあけ、側面は菱目打ちで縫い穴をあけます

11 巾が広い端は、間隔を調整しつつ2本菱目打ちで穴をあけます

制作の流れ

12 持ち手は2本共、同様に仕上げます

13 巾が広い端の両長側面、角から4つ目の穴を縫い始めとし、巾が狭い先端に掛かる"コ"の字に縫い合わせます

14 縫う範囲の4倍の糸を用意し、角から4つ目の縫い穴を始点に、反対側の縫い穴まで平縫いで縫い進めます。縫い終わりは返し縫いします

15 2本の糸を裏側へ回してカット。ライターの火で炙って始末します

16 もう1本の持ち手も、同様に縫い合わせます

17 持ち手のコバ全てを、トコノールを塗って磨きます。磨く範囲が広いので、ある程度の範囲ごとに分けて磨きます

18 縫い合わせていない端も、この時点でコバを磨いておきます

19 持ち手に型紙を合わせ、ジャンパーボタン取り付け位置の印を付けます

20 ジャンパーボタン取り付け位置に、10号のハトメ抜きで穴をあけます

21 片方の持ち手、表にジャンパーボタンのアタマをセットし、メタルプレートの上に置いて裏にバネを合わせます

制作の流れ

22 打棒でジャンパーボタンを固定します。この持ち手は、全て同様にバネを固定します

23 残る一方の持ち手は、4つの穴全て、裏にジャンパーボタンのアタマをセットし、表にゲンコを合わせて固定します

表　　　　　　　　　　裏

24 ジャンパーボタンを取り付け、本体へ合わせる準備が整った持ち手。ジャンパーボタンは全て、両方の持ち手を表にして本体へ合わせた際、ピッタリ合致するように取り付けています

◆持ち手の取り付け

持ち手の巾が広い端、開いた部分に目打ちを差し入れ、貼り合わせた部分の中央部のみを三角に開いて剥がします（右写真参照）

01

Point

本体口元の端、三角に整えた耳の部分を、三角に開いた持ち手の端に収めます

02

実際に本体へ合わせ、三角の部分がピッタリ収まるように端の開き具合を調整します

03

04 本体口元の端両面、持ち手の端に収まる部分にゴム糊を塗ります

05 持ち手の端を開き、両面にゴム糊を塗ります

Point

03で調整した通りに、本体口元の端を持ち手の端に収めて貼り合わせます。この時、○印で示した穴を確実に本体側面の内側へ収めるようにします

06

持ち手の縫い穴を1つずつたどり、ひしきりを刺して縫い穴をあけます。06の○印で示した穴は、本体端を切らないように注意してあけます

07

制作の流れ

Point

本体側面を縫い合わせた部分も、07の端と同様に避けて縫い穴をあけます 08

縫いやすいように縫う長さの6倍以上の糸を用意し、持ち手の縫い始めと同じ穴から縫い始めます 09

10 縫い始め表より、持ち手と本体を貫いて針を通し、裏の針を同じ穴に通して最初の目を作ります

11 目が広がらないよう、本体へ掛かる最初の目は返し縫いします

12 反対側へ向け、平縫いで"コ"の字に縫い進めます

13 反対側の端まで縫い終えたら、本体へ掛かる目を縫い始めと同様に返し縫いし、さらに縫い進めて裏側に2本の糸を回します

14 持ち手の裏側、目立たない部分で2本の糸をカットし、ライターの火で焼き留めて始末します

15 もう一方の持ち手も、同様に貼り合わせた上で縫い合わせます

16 本体の余った革をひも状に切り出し、半分に折ってファスナーのスライダーに通し、折り返した部分の輪に端を通します

17 端を揃えて輪を締め、2本の長さを均等に揃えます

18 端を斜めにカットし、スライダーの引き手を完成させます

底にひねりを加えた 愛らしいポーチ

柔らかいクロム革ならではの、内縫いによるポーチ。側面の折り返しや接着が若干複雑ですが、その効果が底のアクセントになっています

Item 05　CLUTCH BAG

クラッチバッグ

本体の下半分はパイピングを入れた内縫い、上半分はステッチを出した外縫いで仕上げた、シンプルで使いやすいデザインの2ウェイクラッチバッグです。ポケットの部分に違う色の革を使ってみたり、パイピングの色を変えるなど、アレンジして楽しめます。

Parts 材料

①アイレット（大）
②本体縁:ニューオイル（1.0mm厚）
③ポケット縁:ニューオイル（1.0mm厚）
④ポケット:ニューオイル（1.8mm厚）
⑤本体:ニューオイル（1.8mm厚）
⑥パイピングセンター:ニューオイル（1.0mm厚）
⑦パイピング:ニューオイル（1.0mm厚）

Tools 工具

- カッター
- カッターマット
- ゴム板
- 仕立て用目打ちS
- ミニディバイダー
- 菱目打ち
- ハトメ抜き10号（直径3.0mm）
- ハトメ抜き100号（直径30mm）
- 木づち
- 手縫い針
- Wロー引き糸#5
- トコノール無色
- プレススリッカー
- ライター
- ボンドG17

裁断と床面の処理

まず型紙を制作し、型紙に合わせて各部品を切り出します。本体の段差部分とアイレットの取り付け部分は、ハトメ抜きで抜くときれいに切り出すことができます。部品を切り出したら、全ての部品の床面をトコノールで磨いて仕上げておきます。

◆ 裁 断

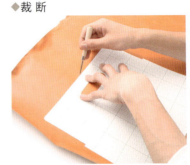

型紙をギン面の上に置き、目打ちでけがいて型を写します
01

本体の段差部分は、10号のハトメ抜きを使って丸く抜きます
02

カーブ部分は、カッターを固定して本体を回していくときれいに切れます
03

アイレットを取り付ける長穴は、両端を100号のハトメ抜きで丸く抜きます
04

丸く抜いた2つの穴の間を、カッターで切ってつなげて長穴にします
05

Point

100号のハトメ抜きが無い場合は、穴の印に合わせてカッターで切り出します

06 持ち手の部分に穴をあけた状態です。内側にアイレットをセットします

07 切り出した各部品。部品を全て切り出したことを確認します

◆床面とコバの処理

01 本体とポケットの床面に、トコノールを塗り広げます

02 トコノールを塗り広げた床面を、プレススリッカーで磨いて仕上げます

裁断と床面の処理

本体とポケットの、仕立ての前に仕上げておくコバに、トコノールを塗ります

03

トコノールを塗ったコバを、プレススリッカーで磨いて仕上げます

04

本体とポケットの縁部品のコバは、全周仕上げておきます。まずトコノールを塗ります

05

縁部品のコバを、プレススリッカーで磨いて仕上げます

06

縁部品は、赤でマーキングした部分のコバを磨いて仕上げておきます

07

本体とポケットも、赤でマーキングした部分のコバを磨いて仕上げておきます

08

縁の取り付け

本体とポケットの口部分には、縁を取り付けます。この縁部品を縦に二つ折りにし、間にコバを挟み込んで縫い付けます。本体とポケットは各2つずつ同じ形の部品があるので、その全てに縁を取り付けます。

◆ 本体に縁を取り付ける

本体（持ち手部分）の上辺から5mm、側辺から10mmの所に印を付けます

01

両端に印を付けて、その間にディバイダーで線を引いて結びます

02

本体の縁部品を、縦方向に二つ折りにします

03

Point

二つ折りにした縁部品に、5mm巾で縫い線を引きます

04

02で引いた線の位置まで、本体のギン面と床面をカッターの刃の背を使って荒らします

05

縁の取り付け

縁部品を裏返して、床面側のセンター（端から12.5mm）の位置に銀ペンで線を引きます

06

床面側の両端から5mmの位置に、ディバイダーで線を引きます

07

Point

両端から5mm巾で引いた線の間に、ボンドG17を塗ります

08

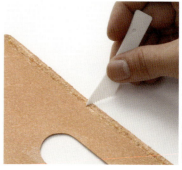

本体上辺から5mmの巾（上辺から02で引いた線までの間）の床面に、ボンドG17を塗ります

09

06で引いたセンターの線に本体の上辺を合わせて、縁部品と貼り合わせます

10

ギン面側の05で荒らした部分に、ボンドG17を塗ります

11

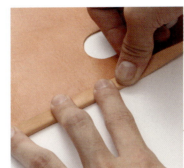

縁部品を折って、本体のギン面と貼り合わせます

12

これは本体の上辺に、縁部品を貼り合わせた状態です

13

04で引いた線に合わせて、菱目打ちでアタリを付けます。端の部分は1刃、本体側にアタリを付けます

14

縁部品の巾に合わせて、縫い穴のアタリを付けた状態

15

本体側に付けたアタリの位置は、丸ギリで丸穴をあけます

16

縁の取り付け

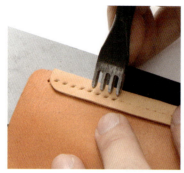

17 アタリに合わせて、菱目打ちで縫い穴をあけます

18 縁部品に縫い穴をあけた状態です

19 縁部品を本体に縫い合わせます。端の部分は、二重に糸をかけます

20 縁部品を、平縫いで本体と縫い合わせていきます

21 最後の縫い穴まで縫い合わせたら、二目返し縫いします

22 返し縫いした糸を両方とも床面側に出して、焼き留めます

◆ポケットに縁を取り付ける

01 本体の縁と同様に、ポケットの上辺と縁部品に、ディバイダーで5mm巾で線を引きます

02 ポケットの上辺から01で引いた線までを、カッターの刃の背で荒らします

03 床面のセンターに銀ペンで線を引き、両端から5mm位置にディバイダーで線を引きます。ディバイダーで引いた線の間にボンドG17を塗ります

04 ポケットの上辺の荒らした部分にも、ボンドG17を塗ります

05 ポケットの上辺を、縁部品のセンターに引いた線に合わせて床面同士を貼り合わせます

06 縁部品をセンターで折って、ポケットのギン面と貼り合わせます

縁の取り付け

07 本体と同様に、ポケットの縁部品に縫い穴をあけます

08 縁部品とポケットを縫い合わせます

09 上辺以外のポケットの3辺に、ディバイダーで3mm巾の縫い線を引きます

10 縫い線に合わせて、菱目打ちで縫い穴のアタリを付けます

11 ポケットを床面側に返し、上辺以外の3辺の縁から5mm程を荒らします

12 ポケット、本体各2つずつを同様にして準備します

ポケットの取り付け

本体にポケットを取り付けます。型紙にある取り付け位置の印を本体に写し、その位置にポケットを縫い付けます。ポケットの口の部分の縁には、糸を二重にかけて、補強しておくのがポイントです。

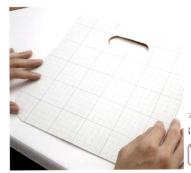

本体の型紙を、本体に合わせます

01

型紙に合わせて、ポケットの取り付け位置に目打ちで印をつけます

02

Point

ポケットの取り付け位置には、このように印を付けると良いでしょう

03

印を結んで、ポケットの取り付け位置に線を引きます

04

04で引いた線の内側を、カッターの刃の背などを使って荒らします

05

ポケットの取り付け

ポケットの取り付け位置は、このような状態に荒らします 06

ポケットの床面と、本体の荒らしたポケットの取り付け位置にボンドG17を塗ります 07

位置をしっかり合わせて、本体にポケットを貼り付けましょう 08

Point

ポケットの上端は1目本体に掛けて縫い合わせるので、本体側に丸穴をあけます 09

菱目打ちでポケットの3辺に縫い穴をあけます 10

本体にポケットを貼り付け、縫い穴をあけた状態です 11

縁の部分に二重に糸をかけて縫い始めます

12

縫い終わりの部分は1目本体側に掛け、糸を二重にしてから2目返し縫いします

13

返し縫いした糸は、両側とも床面側に出します

14

糸を2〜3mm残してカットし、焼き留めします

15

16 本体にポケットを縫い付けた状態です

アイレットの取り付け

本体の持ち手部分に、アイレットを取り付けます。アイレットには表と裏が指定されているので、間違えないように取り付けましょう。縁と突起があるのが表側の部品なので、この部品をギン面側にセットします。

本体の持ち手部分に、アイレットを取り付けます

01

アイレットの縁に突起がある方を、ギン面側から本体の持ち手部分にセットします

02

本体を裏返して、もち手の部分にあけた穴に、このようにアイレットをピッタリ収めます

03

アイレットの裏側パーツを、本体にセットした表側パーツに噛み合わせます

04

アイレットのサイズ

SEIWA製のアイレット金具は、長穴タイプが2種類、丸穴タイプが1種類用意されています。使い方に合わせて、アレンジしてみても良いでしょう。

金具同士がきちんと噛み合うと、このように突起部分が飛び出します

05

突起部分を木槌の柄などで倒して、窪んでいる部分に収めます

06

07 アイレットを取り付けた状態です

本体の両側に、アイレット金具を取り付けます

08

本体の縫い合わせ

本体を縫い合わせていきます。本体下半分は内縫いになるので、まずギン面同士の間にパイピングを挟んで下半分を縫い合わせます。下半分を縫い合わせたら、表側に返してから上半分を外縫いで縫い合わせます。

01 本体とパイピングの部品を用意します

02 本体に型紙に合わせて、底のセンター部分に印を付けます

03 本体の段差部分の下(パイピングが取り付けられる部分)に、ディバイダーで3mm巾の線を引きます

04 線を引いた部分を、カッターの刃の背を使って荒らします

05 赤く示した部分が、ギン面を荒らしておく部分です

◆パイピングの制作

01 パイピング部品の床面に、ボンドG17を塗ります

02 パイピング部品を縦に真ん中で折り、床面を貼り合わせます

03 プレススリッカー等を使って、貼り合わせたパイピング部品を圧着します

04 パイピング部品は、2枚とも同様に縦に二つ折りにして、床面を貼り合わせた状態にします

05 パイピングのセンター部品のコバにトコノールを塗ります

06 トコノールを塗ったコバを、プレススリッカーで磨きます

本体の縫い合わせ

Point

パイピング部品の端から10mmの所に印を付けます
07

印を付けた所まで、パイピング部品のギン面を荒らします
08

パイピングのセンター部品の床面に、ボンドG17を塗ります
09

パイピング部品の08で荒らした部分にも、ボンドG17を塗ります
10

パイピング部品の端と端を合わせて、センター部品に貼り合わせます
11

Point

パイピングのセンター部品を折り返して、このようにパイピングに貼り合わせます
12

◆パイピングの取り付け

本体の荒らした部分に、ボンドG17を塗ります

01

パイピングのコバ側に、ディバイダーで3mm巾の線を引きます

02

コバからディバイダーで線を引いた部分までを、荒らします

03

03で荒らした部分に、ボンドG17を塗ります

04

コバ側が外に向くように、パイピングを本体に貼り合わせます

05

カーブしている部分は、パイピングを引っ張って曲げながら貼り合わせていきます

06

本体の縫い合わせ

端の部分は少し段差部分からはみ出します

07

このように本体の下半分に、パイピングを貼り合わせます

08

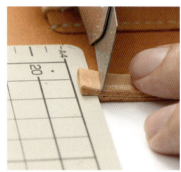

本体側面の段差部分からはみ出したパイピングを、カッティングマットを挟んでカットします

09

Point

パイピングは、このように段差部分に合わせてカットします

10

本体と貼り合わせたパイピングのもう片面にも、ボンドG17を塗ります

11

本体にパイピングを貼り合わせた状態です

12

もう片側の本体の荒らした縁の部分にもボンドG17を塗り、パイピングと貼り合わせます

13

カーブしている部分がずれないように、貼り合わせます

14

15　パイピングを挟んで、本体のギン面同士を貼り合わせた状態です

◆本体の縫い合わせ

本体のパイピングを貼り合わせた部分に、3mm巾で縫い線を引きます

01

Point

パイピングのセンター部分を基準に、縫い線に合わせて縫い穴のアタリを付けます

02

本体の縫い合わせ

カーブしている部分は、2本菱目打ちでアタリを付けます

03

アタリに合わせて、縫い穴をあけます

04

パイピング部分に縫い穴をあけた状態です

05

段差部分の縁に二重に糸をかけて、本体とパイピングを縫い合わせます

06

反対側の段差部分にも糸を二重にかけ、二目返し縫いをして糸を始末します

07

本体のパイピング部分を縫い合わせた状態です

08

◆本体を表に返す

Point

段差から上の部分に、ディバイダーで3mm巾の線を引きます
01

縁から01で引いた線の間までを、荒らします
02

03 本体を表に返していきます。角の部分から本体を内側に押し込み、ある程度押し込んだら今度は口側から中に手を入れて本体を引き出します

本体を表側に返したら、中に手を入れて角の部分を押し出します
04

本体を表に返した状態です
05

本体の縫い合わせ

◆上半分の縫い合わせ

荒らしておいた段差から上の部分の床面に、ボンドG17を塗ります

01

両側にボンドG17を塗り、床面同士を貼り合わせます

02

03 段差から上の部分を貼り合わせたら、ディバイダーで3mm巾の縫い線を引きます。縫い線に合わせて菱目打ちで縫い穴をあけ、平縫いで縫い合わせていきます

04 縁の部分に糸を二重にかけて、返し縫いします

05 2目返し縫いをしたら、片面に糸を出して糸を始末します。もう片側の段差から上を縫い合わせ、最初に縫い合わせた方と同じ面に糸を出して始末します

縫い合わせた段差から上のコバに、トコノールを塗ります

06

トコノールを塗ったコバを、プレススリッカー等で磨いて仕上げます

07

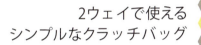

2ウェイで使える
シンプルなクラッチバッグ

完成！ 本体を仕上げたら、最後に段差から上の部分を折り返して折りクセを付けます。しっかり折りクセを付けたら完成です

Item 06 TOOL BAG

ツールバッグ

工具を持ち運ぶ時に、バラバラにならず取り出してすぐに使えるよう、脱着式のインナーが固定できるツールバッグです。ここで制作しているのはSEIWA製の"Leather Handsawing 12 Tools Set"がきっちり収まるインナーです。

Parts 材料

①カバー:ニューオイル(1.8mm厚)
②本体:ニューオイル(1.8mm厚)
③インナーベース:ニューオイル(1.8mm厚)
④本体マチ×2:ニューオイル(1.0mm厚)
⑤手紐A×4:ニューオイル(1.8mm厚)
⑥手紐B×2:ニューオイル(1.8mm厚)
⑦ポケットD:ニューオイル(1.0mm厚)
⑧ポケットAD:マチ:ニューオイル(1.0mm厚)
⑨ポケットB:ニューオイル(1.0mm厚)
⑩ポケットC:ニューオイル(1.0mm厚)
⑪ポケットA(前胴):ニューオイル(1.0mm厚)
⑫ジャンパーボタン(大)×4セット

Tools 工具

- カッター
- カッティングマット
- トコノール
- のりベラ
- 仕立て用目打ち
- ディバイダー
- 定規
- 菱目打ち
- ゴム板
- ハトメ抜き8号(直径2.4mm)
- ハトメ抜き12号(直径3.6mm)
- ハトメ抜き60号(直径18mm)
- ハトメ抜き100号(直径30mm)
- ボンドG17
- Wロー引き糸#5
- 手縫い針
- ライター
- プレススリッカー
- ジャンパーボタン打棒(大)
- メタルプレート
- 木づち

各部品の下準備

型紙に合わせて部品を切り出し、全ての部品の床面とコバをトコノールで磨きます。この部品の下準備をきちんとしておくことで、完成した作品のクオリティが高くなります。

各部品の床面に、トコノールを塗り広げます

01

部品の床面全面に、のりベラでしっかり伸ばして広げます

02

本体やインナーベースなど大きな部品もあるので、トコノールは充分な量を用意しておきましょう

03

プレススリッカー等で、トコノールを塗った床面を磨きます

04

仕立てを始める前に、全ての部品のコバもトコノールを塗って磨きます

05

トコノールを塗ったコバを、プレススリッカーで磨きます

06

このツールバッグは縫い合わせてから仕上げるコバがないので、先に全てのコバを磨きます

07

コバをしっかり磨いておくことで、仕上がりに差が出るので、納得いくまで磨きましょう

08

全ての部品の床面とコバを磨けば、部品の準備は完了です

09

本体の制作

本体の制作をしていきます。本体の胴は1枚の革で設計されており、その両脇にマチを縫い付けることで袋状になります。手紐は小さいサイズの革でも作れるように3ピース構造になっていますが、1枚の革から切り出したり、好みで長さを調整しても良いでしょう。

◆部品に印を付け、穴をあける

01 各部品に型紙を当てて、縫い穴の位置（指定のある部品）や穴位置などを印します

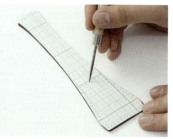

02 手紐Aは縫い穴の位置が記載されているので、その位置を仕立て用目打ちで突いて、印を付けます

03 先端部分は印に合わせて縫い穴をあけます

04 本体に型紙を当てて、手紐の取り付け位置、マチとの縫い穴、ジャンパードットを通す穴の位置に印を付けます

05 60号のハトメ抜きを使って、本体にジャンパードットを通す穴をあけます

01 型紙に合わせて付けた印を基準に手紐の型紙を合わせて、取り付け位置をけがきます

02 革の表面に、手紐の取り付け位置をけがいた状態です

03 本体にけがいた手紐の取り付け位置の内側と、手紐側の取り付け位置の床面をカッターの刃の背で荒らします

04 荒らした本体側の取り付け位置に、ボンドG17を塗ります

05 荒らした手紐の床面にも、ボンドG17を塗ります

本体の制作

ボンドG17が手に付かない程度まで乾いたら手紐を本体に貼ります

06

手紐を本体に貼り合わせたら、しっかり圧着します

07

手紐に付けておいた印に合わせて、菱目打ちで縫い穴のアタリを付けます

08

アタリに合わせて、菱目打ちで縫い穴をあけます

09

10 手紐を手縫いしていきます。力のかかる部分なので、しっかり縫い合わせるようにしましょう。縫い終わりは2目重ねて糸を裏側に出し、始末します

糸を2〜3mm残してカットし、ライターの火で炙って焼き留めします

11

4本の手紐を、同様に本体に縫い付けます

12

◆本体とマチの縫い合わせ

型紙に合わせて付けた印を元に、本体に縫い穴をあけます

01

マチも型紙に合わせて、縫い穴の印を写します

02

印に合わせて、菱目打ちで縫い穴をあけます

03

カーブしている部分は、2本菱目打ちを使って縫い穴をあけます

04

両側のマチに、同様に縫い穴をあけておきます

05

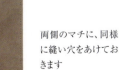

本体の制作

06 マチと本体を重ねて縫い穴の位置を合わせ、手縫いしていきます。縁の部分は二重に糸をかけて縫い進めます

Point

底の部分はカーブしているので、本体の革を丸めながら縫い合わせていきます

07

08 マチと本体の縫い合わせを、裏から見たところです。底から先は縫いにくくなります

09 マチを縫い合わせていくと、このように本体が立体になります

10 縫い終わり側の縁にも糸を二重にかけてから、返し縫いします

11 糸を2本共裏側に出して、焼き留めで始末します

マチと本体を縫い合わせた状態です

12

両側のマチを縫い合わせて、本体が形成された状態です

13

◆手紐の取り付け

01 手紐Bに型紙を合わせて、縫い穴の位置を印します

02 印に合わせて菱目打ちで縫い穴をあけます

03 2本の手紐Bの両端に、同様にして縫い穴をあけます

04 本体に縫い付けられている手紐Aの縫い穴と、手紐Bの縫い穴の位置を合わせます

05 手紐の縫い穴の位置を合わせたら、縫い合わせていきます

本体の制作

06 手紐Bの縁に二重に糸をかけて縫い始めます

07 反対端まで縫ったら、返し縫いをして、裏側に糸を出します

08 返し縫いした糸を始末します

09 手紐はこのような状態になります

10 縫い合わせた手紐Bの逆端を、同じ面に縫い付けられているもう一本の手紐Aに合わせて縫い合わせます

11 両側の手紐Aと手紐Bを縫い合わせて、手紐が完成した状態です

12 手紐を縫い合わせたら、バッグの本体は完成です

インナーの制作

カバンの中で道具類を固定する、インナーを制作していきます。ポケットの大きさや数などを変えて、自分がこのカバンに収めたい物に合わせて作っておくと色々な用途に使える機能的なカバンになります。

インナーの制作に使用する部品を確認します

◆ハンマーホルダーの制作

01 型紙に合わせて、穴をあけたり裁断する位置の印を付けます

02 印に合わせて、8号のハトメ抜きで3点の穴をあけます

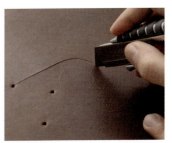

03 カッターでホルダーの外周を切り出します

04 02であけた真ん中の穴から、15mm程切れ目を入れます

05 型紙の位置に合わせて、100号のハトメ抜きで穴をあけます

06 これでハンマーホルダーは完成です

インナーの制作

◆ポケットAの制作

01 型紙に合わせて、縫い穴の位置に印を付けていきます。このポケットが縫い穴指定されているのは、立体になっているため、貼り合わせてからだと縫い穴があけにくいためです

02 インナーベースはポケットの前胴の縁の上に、もう一穴仕立て用目打ちで縫い穴をあけます。それ以外の部分は、菱目打ちを使って縫い穴をあけます

03 ポケットのマチにも、印に合わせて縫い穴をあけます

04 縫い穴をあけたポケットの前胴と、マチを縫い合わせていきます

05 マチと前胴を重ねて縫い穴の位置を合わせ、縁の部分は二重に糸をかけて縫い進めます。カーブ部分は隙間があかないように、しっかり引き締めながら縫います

06 縫い終わり側の縁に糸を二重にかけて返し縫いして、糸を裏側で始末します

07 前胴とマチを縫い合わせると、ポケットAはこのような状態になります

08 インナーベースに、マチを付けたポケットAを縫い合わせていきます

09 ベースの2つ目の穴と、マチの1つ目の穴を合わせて縫い始めます

インナーの制作

10 ベースにあけた穴に二重に糸をかけて、縫い始めます

Point

カーブ部分は、マチを外に押し広げるようにして縫い合わせます

11

12 縫い終わりの部分も縫い始め同様に、縁に糸を二重にかけて、返し縫いして糸を始末します

◆ポケットCの取り付け

01 型紙に合わせて、ベースにポケットCの取り付け位置をけがきます

02 ポケットCの縫い代部分をカッターの刃の背で荒らします

03 ポケットCのギン面に、ディバイダーで縫い線を引きます

04 01でけがいた取り付け位置の内側を、荒らします

05 ポケットCと、ベースの荒らした部分にボンドG17を塗って貼り合わせます。01でベースにけがいた線に合わせて、正確な位置にポケットを貼り合わせましょう

 Point

ポケットの縁の上に、仕立て用目打ちで縫い穴をあけます **06**

 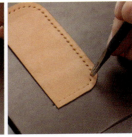

07 縫い線を合わせて菱目打ちでアタリを付け、アタリに合わせて縫い穴をあけます

縁の部分に糸を二重にかけて、平縫いしていきます **08**

縫い終わりの縁にも二重に糸をかけ、返し縫いをして糸を始末します **09**

◆ポケットBの取り付け

01 型紙を取り付け位置に合わせて、ポケットBの型をけがきます

02 ポケットBの床面と、ベースにけがいた線の内側をカッターの刃の背で荒らします

Point

03 ポケットBに型紙を合わせて、仕切りの位置に印を付けます

04 周囲にディバイダーで縫い線を引き、03で付けた印に合わせて縦に縫い線を引きます

05 ポケットとベースの荒らした縫い代部分に、ボンドG17を塗ります

06 位置を合わせてポケットをベースに貼り、縫い線の位置に合わせてベース側に1つ縫い穴をあけます

07 縫い線に合わせて、菱目打ちでアタリを付けます

08 アタリに合わせて、縫い穴をあけます

09 縁に二重に糸をかけ、仕切りの部分から縫い合わせていきます

10 仕切りを縫い合わせて、裏側で糸を始末します

11 縁に二重に糸をかけて縫い始め、ポケットの3辺を縫い合わせます

12 返し縫いした糸を裏側に出して、始末します

13 ポケットBの取り付けは終了です

◆ポケットDの取り付け

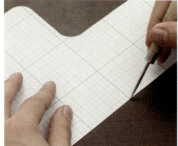

取り付け位置にポケットの型紙を合わせて、縫い合わせる3辺をけがきます
01

ポケット床面の、縫い合わせる3辺を荒らします
02

01でけがいた線の内側を荒らします
03

縫い合わせる3辺に、ディバイダーで縫い線を引きます
04

02と03で荒らした部分に、ボンドG17を塗ります
05

ボンドが半乾きになったら、位置を合わせてポケットをベースに貼り付けます
06

縫い線に合わせて、仕立て用目打ちでベースに1つ縫い穴をあけます

07

縫い線に合わせて、菱目打ちでアタリを付けます。距離が長いので、曲がらないように注意します

08

アタリに合わせて縫い穴をあけます

09

ポケットを縫い合わせます。縫う距離が長いので、糸が足りなくならないように注意しましょう

10

他のポケット同様に縁に二重に糸をかけて返し縫いし、糸を裏側で始末します

11

ポケットDの取り付け作業は、これで終了です

12

◆ジャンパーボタンの取り付け

型紙の位置に合わせて、12号のハトメ抜きでジャンパーボタンの取り付け穴をあけます

01

01であけた穴にホソをセットします。ホソはベースのギン面側からセットするので、向きを間違えないように注意します

02

ホソをセットしたら、ゲンコを床面側にセットします

03

組み合わせたジャンパーボタンをメタルプレートの平らな面の上に置き、ジャンパーボタン打棒で打って留めます

04

ジャンパーボタンを回してみて、回らなければきちんと取り付けられています

05

4ヵ所にジャンパーボタンを取り付けたら、インナーは完成です

06

カバーの制作

カバーを制作します。カバーは4ヵ所にジャンパーボタンを取り付け、インナーに取り付けたジャンパーボタンと合わせることで固定するようになっています。ジャンパーボタンを正確な位置に取り付けましょう。

カバーに、ジャンパーボタンのバネを取り付けます

01

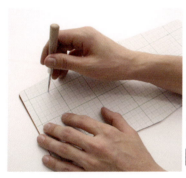

型紙にある、ジャンパーボタンの取り付け位置を写します

02

02で付けた印の位置に合わせて、12号のハトメ抜きで穴をあけます

03

03であけた穴に、ギン面側からアタマをセットします

04

アタマをセットしたら床面側に返し、バネをセットします

05

カバーの制作

06 アタマをメタルプレートの窪みに入れて、打棒で打ちます

07 アタマを回してみて、回らなければきちんと取り付けられています

08 カバーの4ヵ所に、同様にしてジャンパーボタンを取り付けます

インナーをアレンジすれば
様々な道具を収納できます

完成！

インナーを二つ折りにして中に入れると、本体の穴からジャンパードットのゲンコが出ます。カバーに付けられたバネを留めることでインナーが固定されます

レザークラフト 用語事典

レザークラフトを行なう際に使われる、専門用語をピックアップして解説します。ここに挙げた用語を知っておくことで、スムーズにレザークラフトを行なうことができるようになります。

あ

● アタリ
穴をあける前に、穴の位置に付ける印

● 荒裁ち
革を裁断する際に、実際の部品の裁断線よりも少し外側を切り出すこと。荒裁ちをしてから本裁ちをすることで、部品をきれいに切り出すことができる

か

● カシメ
金具の一種。両面から革を挟み込んで取り付ける金具で、脱着はできないため革同士を固定する際などに使用する

● 型紙
部品の形を示した図案。工作用紙等の厚紙に貼って使用する

● カーフ
生後6ヵ月以内の仔牛の革。柔らかくキメ細かい、なめらかな触感が特徴

● かぶせ
カバンの蓋の部分

● キット
生後6ヵ月以内の仔山羊の革。柔らかくて軽いのが特徴

● キップ
生後6ヵ月から2年までの中牛の革。厚さはあるが、キメが細かく加工しやすい

● 基点
縫い始めや縫い終わり、金具や部品の取り付け位置の印となる点。型紙に記されている場合が多い

● 生成り（きなり）
染色や加脂などを行なっていない、なめし加工されたままの革の状態

● ギボシ
金具の一種。単独で取り付けられ、革に直接あけた受け穴と組み合わせて使用する

● ギン面
革の表側で、ツルッとした触感の面

● クロムなめし革
三価クロムという薬品を使って腐敗防止加工された革

● コバ
革を裁断した際の切断面。最終的に床処理剤で磨いて仕上げる

さ

● 裁断
革を切ること

● ジャンパーボタン
上着（ジャンパー）に使われることが多い脱着式の金具。留める力が強いので、カバンなどに使用されることも多い

● シープ
羊の革。薄手で、キメが細かく柔らかい

● 芯通し革
革の内部まで染料を染み込ませた染革。裁断したコバも、染色された状態になる

● 漉き（漉く）
革の床面を削いで厚みを調整すること。全面を漉くベタ漉き、コバに向かって段々と厚みを薄くしていく斜め漉き、段差を作るように厚みを変える段漉き等がある

● 素仕上げ
→生成り

● ステア
生後3〜6ヵ月の間に去勢された雄の成牛の革。革は厚みがあり、耐久性が高い

た

● 全裁
腹から割って1枚に広げた状態の動物の革

● 染色
染料を使って革の色を染めること

● タンナー
革のなめし加工を行なう業者のこと

● タンニンなめし革
植物の渋＝タンニンを使って腐敗防止加工を行なった革。固くて丈夫な革

● デシ（ds）
革の大きさを表す単位で、1デシは10×10cm。革の価格は1デシの単価×デシ数で付けられている

● 胴
カバン等の本体の部分。前側を前胴、後ろ側を後胴または背胴と呼ぶ

● 床処理剤
トコノールに代表される、革の床面やコバを磨くための液剤

● 床面
革の裏側のザラザラとした面。通常は床処理剤を塗って、磨いて使用する

な

● なめし（なめす）
動物の皮を革へと加工する作業。皮のままでは腐敗してしまうので、腐敗を防止するのが加工の主な目的。タンニンなめし、クロムなめし、その両方を使うコンビなめしという方法がある

は

● バネホックボタン
両面に金具を取り付け、金具同士で脱着するタイプの金具。留める力はそれ程強くないので小物に適している

● 半裁
動物の革を縦に半分にカットした状態

● 平縫い
手縫いする際の基本的な縫い方。糸の両端に針を付けて、表裏両側から糸を通して縫っていく方法

● 本裁ち
荒裁ちした部品を、型に合わせてけがいた線に沿って裁断すること

ま

● マチ
カバンの胴と胴の間に挟まれた、側面になる部分。横の部分入るマチは横マチと呼ぶ。また、この横マチと底が繋がっている場合は、通しマチと呼ばれる

や

● 焼き留め
ポリエステル系の糸の縫い終わりを留める方法。ライター等の火で炙って糸を溶かして留める

ら

● レース
ひも状にカットされた状態の革。編んでロープにしたり、かがったりするに使用する

● ロウ引き
手縫いをする際に、糸の滑りを良くし、糸を保護するために糸にロウを刷り込むこと。ロウは手縫い用ワックスとして販売されているロウを使用する

材料から道具まで、全てが揃うレザークラフト専門店

SEIWA

レザークラフトを始めるのであれば、材料と工具を揃えなければなりません。初心者でも安心して制作が始められるようにサポートしてくれるお店、それがSEIWAです。

URL: http://seiwa-net.jp/

SEIWA 渋谷店

東急ハンズ渋谷店に入っているSEIWA渋谷店は、SEIWAのフラッグシップ的店舗です。東急ハンズ内というロケーションにあり、土日も営業しているので、はじめてレザークラフトをするという人にとっては、最も身近なお店です。材料の革から副資材の金具、工具や液剤まで幅広く揃えています。売り場の雰囲気も明るく、スタッフもフレンドリーなので、分からないことがあれば気軽に尋ねてみてください。あなたのレザークラフトの第一歩が、ここから始まります。

[SEIWA 渋谷店]
東京都渋谷区宇田川町12-18[東急ハンズ内]
Tel.03-3464-5668
営業時間:午前10:00〜午後8:30
定休日:年中無休

[SEIWA 高田馬場店]

SEIWA高田馬場本店は、本社に併設されています。広い店舗の1階で工具や液剤、2階で皮革を販売しています。また、様々な革作家の方々の作品販売なども行なっています。

東京都新宿区下落合1-1-1
Tel.03-3364-2113
営業時間:午前9:30〜午後6:00
定休日:日曜/祝祭日・夏期/年末年始

[SEIWA 博多店]

JR博多駅に併設される東急ハンズ博多店に、SEIWA博多店は入っています。

福岡県福岡市博多区博多駅中央街1-1
JR博多シティ[東急ハンズ内]
Tel.092-413-5068
営業時間:午前10:00〜午後9:00

はじめての革カバン

平成 27 年 1 月 20 日 発行

STAFF

PUBLISHER
高橋矩彦　Norihiko Takahashi

EDITOR
後藤秀之　Hideyuki Goto
行木　誠　Makoto Nameki

DESIGNER
大森有希子　Yukico Oumori

ADVERTISING STAFF
大島　晃　Akira Oushima

PHOTOGRAPHER
小峰秀世　Hideyo Komine
梶原　崇　Takashi Kajiwara
柴田雅人　Masato Shibata

PRINTING
中央精版印刷株式会社

PLANNING, EDITORIAL & PUBLISHING
(株)スタジオ タック クリエイティブ
〒151-0051 東京都渋谷区千駄ヶ谷3-23-10 若松ビル2F
STUDIO TAC CREATIVE CO.,LTD.
2F, 3-23-10, SENDAGAYA SHIBUYA-KU, TOKYO 151-0051 JAPAN
[企画・編集・広告進行]
Telephone 03-5474-6200　Facsimile 03-5474-6202
[販売・営業]
Telephone & Facsimile 03-5474-6213

URL http://www.studio-tac.jp
E-mail stc@fd5.so-net.ne.jp

警告

■ この本は、習熟者の知識や作業、技術をもとに、編集時に読者に役立つと判断した内容を記事として再構成し掲載しています。そのため、あらゆる人が作業を成功させることを保証するものではありません。よって、出版する当社、株式会社スタジオ タック クリエイティブ、および取材先各社では作業の結果や安全性を一切保証できません。また、本書の趣旨上、使用している工具や材料は、作り手が通常使用しているものでは無い場合もあります。作業により、物的損害や傷害の可能性があります。その作業上において発生した物的損害や傷害について、当社では一切の責任を負いかねます。すべての作業におけるリスクは、作業を行なうご本人に負っていただくことになりますので、充分にご注意ください。

■ 使用する物に改変を加えたり、使用説明書等と異なる使い方をした場合には不具合が生じ、事故等の原因になることも考えられます。メーカーが推奨していない使用方法を行なった場合、保証やPL法の対象外になります。

■ 本書は、2014年11月15日までの情報で編集されています。そのため、本書で掲載している商品やサービスの名称、仕様、価格などは、製造メーカーや小売店などにより、予告無く変更される可能性がありますので、充分にご注意ください。

■ 写真や内容が一部実物と異なる場合があります。

STUDIO TAC CREATIVE
(株)スタジオ タック クリエイティブ
©STUDIO TAC CREATIVE 2015 Printed in JAPAN

● 本書の無断転載を禁じます。
● 乱丁、落丁はお取り替えいたします。
● 定価は表紙に表示してあります。

ISBN978-4-88393-693-9

渋谷店は売り場面積も広く、工具や皮革、金具や液剤などの材料類の品揃えが充実しています。工具類はニーズに合わせて購入できるように、単品からセットまで揃えられています。また、皮革はA4程度の小さなものから半裁まで大きさが揃い、タンニンなめし、クロムなめし共に豊富な種類が在庫されています

[SEIWA レザークラフトスクール]

基礎的な内容から高度な技術を学べるコースまで、様々なコースが用意されています。ミシンや革漉き機なども使用できるので、さらにレベルアップした作品にチャレンジすることもできます。詳しいスクールの内容はhttp://seiwa-net.jp にアクセスして「school」をクリックしてみてください。

本書掲載アイテム制作スタッフ

岡田和也氏

森 昌人氏

本書に掲載されているアイテムは、SEIWAプロダクトプランニングDivの岡田氏と森氏のオリジナルです